JN438092

14인의 동인시집

성주산 울림

제6호

14인의 동인시집

홍성수 한경희 임창택 김춘희
박서진 배윤희 신승환 최옥순
서경옥 남병근 이연순 오치인
신현숙 최양희

도서출판 한내문학

■ 發刊詩

아름다운 전설

-성주산 울림 제6호에 부쳐

병철 최 양 희(본지 발행인)

성주산의 정서와
시인들의 정서가 부합하여

성주산의 신비와
시인들의 신비가 무궁하니

성주산의 경지와
시인들의 경지가 출현하는

위대한 시성들이
가슴으로 쏟아낸 노랫소리

아름다운 열정들이
전설로 이어 가는 신화입니다

※ 볼수록 자랑스럽고 신기한 "성주산 울림"의 정서와, 신비와, 경지와, 열정들! 그리고 개성이 독특하고 위대한 성주산과 시성(詩性)들의 참다운 조화가 형성하면서, 나중에는 "아름다운 전설의 신화"로 길이 빛날 것이다.

본지 제6호를 맞이하며

홍 성 수(한내문학 작가회장)

경건한 마음으로 새봄을 맞는다.
본지 제6호에 출현한 시인들을 맞이하듯!

세상에 빛을 밝히기 위하여 노력하는 사람들!
보다 진실한 삶의 가치를 꾸준히 담는 지인들!
세상을 아름답게 가꾸기 위하여 글 쓰는 문인들!
빈 하늘에 또 다른 구름을 열심히 그리는 시인들!
그리고 삭막한 땅에 서정의 꽃을 피워내는 시인들!
이렇게 훌륭한 시인들을 모셔 오며,
나의 마음은 부풀어 있었다.

그러니까, 창간호부터 지금까지 한분, 한분, 또 한분을 모셔오고, 또 〈시마중〉 나가는 것이 이제는 내 몸에 익숙해졌다고나 할까? 정말이지, 이렇게 위대한 시인들을 모셔올 때마다, 나는 어느덧 나도 모르게 나의 의무감 같은 희열을 느껴왔다. 님들이 오시는 길목에서, 남들이 알지 못하는 나만의 설렘으로, 또 한 번의 값진 보람으로 흔적을 남기면서, 또 하나의 소망이 실현되는 길목이다.

아마도 대부분 사람들은 〈詩마중〉 나가보지 않고서는 지금의 내 행복한 심정을 이해하지 못할 것이 아닐까……

■ 격려사

활짝 피어난 문학의 꽃

이 광 복
(소설가 · 한국문인협회 부이사장)

충남 보령은 참으로 유서 깊은 고장이다. 예로부터 산자수명한 이 고장에서는 수를 헤아릴 수 없는 인걸들이 나왔다. 보령의 풍광은 아무리 예찬해도 지나침이 없다. 산이 높은가 하면 저 드넓은 바다가 펼쳐져 있다. 들은 기름지고 산과 바다에서 나오는 물산 또한 풍부해서 살기 좋은 고장으로 이름이 높다.

실지로 보령에는 없는 것이 없다. 산, 계곡, 댐, 호수, 바다, 섬, 해수욕장, 문화재, 박물관, 공원…… 등 우리를 반기는 것은 한두 가지가 아니다. 여기에 농산물과 해산물 등 먹거리까지 풍부한 고장. 여름에는 시원하고 겨울에는 따뜻하다. 보령의 산과 바다는 모두 대자연이 연출하는 한 폭의 거대한 작품이다.

교통도 좋다. 육로로는 장항선 철도를 비롯하여 도로망이 사통오달로 뚫려 있고, 바다로 나가는 뱃길 또한 여간 좋은 것이 아니다. 대천해수욕장은 세계적인 피서지로 널리 알려져 있다. 해마다 여름이면 전국 각지의 피서객들이 인산인해를 이룰 뿐만 아니라, 보령머드축제는 벌써부터 세계인의 축제로 자리매김했다.

이러한 보령에서는 예로부터 숱한 시인묵객들을 배출했고, 현대에 들어와서도 명망 있는 문인들을 줄줄이 쏟아냈다. 여기에서는 그 이름을 일일이 열거할 겨를이 없지만, 아무튼 보령이 배출한 문인들은 이 고장의 또 다른 자랑이요 긍지라 하겠다. 그분들이 있어 보령의 문학은 한층 더 찬란히 빛나고 있다.

최양희 시인은 오래 전부터 문학지 『한내문학』을 이끌어 왔다. 두말할 나위도 없이 『한내문학』은 보령에서 활짝 피어난 한 떨기 꽃이다. 이제 보령에서 『한내문학』 출신 문인들 중심으로 동인문집 『성주산 울림』 제6호를 발간한다는 기쁜 소식을 들었다. 이 동인문집 『성주산 울림』에는 다른 지역의 문인들도 초대되었다고 한다.

아무쪼록 이 동인문집 출간을 계기로 『한내문학』과 『성주산 울림』이 더욱 창대하게 발전하기를 기원한다.

무영 홍성수

글랑 한경희

덕암 임창택

운강 김춘희

우전 박서진

덕향 배윤희

시인 신승환

국정 최옥순

혜우 서경옥

시인 남병근

시인 이연순

시인 오치인

시인 신현숙

병철 최양희

무영 **홍성수**

(시인)

꽃을 가꾸는 정성처럼 문학을 더욱 더 사랑하는 시인

무엇보다도 이번 "성주산 울림 제6호"를 출간함에 있어 기둥역할을 담당해온 '무영 홍성수' 시인의 열정에 나는 경의를 표한다.

어느 지역을 방문해도 많은 문학인들로부터 환영과 존망을 한 몸에 받고 있는 '무영 시인' 은 자신의 의무감 같은 것도 있겠지만, 하여튼 문학을 사랑하지 않고는 불가능한 일이 게다. 지금까지 그의 열정이 없었다면 아마 이번 '제6호' 도 무로 무산됐을 텐데, 또다시 유를 창조해낸 주역이다.

이렇듯, '무영 시인' 은 얼어붙은 텃밭이라 할지라도, 거기에 주어진 자연의 공간을 잘 활용하면서 〈꽃을 가꾸는 정성처럼 문학을 더욱 더 사랑하는 시인〉이었기에 가능했던 것이다.

특히, 개인시집을 두 번씩이나 출간시킨 관록으로, 뜻을 같이하는 시인들과 문우의 정을 돈독히 다지면서 '14인의 시인' 들을 한곳으로 결집시켜 낸 것 또한, 자신의 열정이 없었다면 어찌 가능하겠는가?

하여간, 창간호부터 이번호까지 '무영 시인' 의 리더로 성주산 울림 제6호가 또 탄생하는 것이다.

詩 全文 〈청솔 = 바람도 비켜 가는/ 실낱같이 가녀린 잎/ 빗방울조차 사치스러운 듯// 긴 세월 갖은 풍파 속에도/ 평생 변하지 않는/ 청조한 모습으로// 떨어지는 낙엽 되어/ 거름이 될지언정/ 휘지 않는 꼿꼿한 기백이여〉

앞에 설명한 말씀대로 '무영 시인'은 문학의 열정을 태우는 활동적인 시인으로서 독자한테 시 선물을 꾸준히 나눠주고 있다.

특정한 소재를 잡아내면, 매처럼 날카롭게 그 목표물을 낚아채는 재치를 발휘하여 자신이 표현하고자 하는 시심을 아낌없이 독자들한테 전달하는, 격조 높은 시인이다.

〈발행인 병철 최양희〉

- 호 : 무영(無影)
- 2006. 문예사조 신인상〔시 부문〕 등단
- 2007. 문예사조 〔문학상〕 수상
- 2008. 한내문학상 수상
- 2013. 민족문학상 수상
- 한국문인협회 회원, 문예사조 문인협회 회원, 〔사〕한내문학 이사, 한내문학문인협회 작가회장
- 제1시집: 나도 한번 소리 내어 울고 싶다
- 제2시집: 천일의 숨소리
- 한내문학 13인의 동인시집: "성주산 울림" 제1, 2, 3, 4, 5호 동인
- 〈한국 시 대사전〉에 수록
- 한국명시발간위원회103인 시선집〔석양에 걸린 바다〕 외 다수
- 문예운동: 우리들의 좋은시
- 국가상훈 편찬위원회: 현대사의 주역들 수록
- 문예사조 3년 연속 연재시〔37회〕 연재

카멜레온

무영 홍 성 수

마주보는 성주산 아미산은
사랑의 구애중인
거대한 카멜레온 같아

수줍은 연둣빛 치장하면
연분홍 꽃단장으로 화답하며
초록융단으로 서로 손을 잡으니

사랑의 절정인가!
너도 나도 둥지 틀고
산바람 덩달아 살랑거린다

* 아미산, 성주산: 보령시에 있는 사계절 아름다운 산

서각 교실

무영 홍 성 수

톡 딱 톡 딱 쿵쿵쿵
심장을 두드리는 소리

묵묵히 울리는 영혼의 손길에
노송도 매화도
선조들의 글귀를 되새기는

만학도들의 가슴에는
세상 모든 이치와 풍류의
영혼을 되살리며 세월을 넘나들고

다정한 선생님의 눈길 속에
하나하나 완성되어 가는 작품
이곳에 남포서각의 희망이 꽃피고 있다

* 2013년 8월 17일 남포주민자치 서각교실을 열고 제석리에서 명인 정지완 선생님의 서각지도를 받으면서

꽃길을 걸으며

무영 홍 성 수

샛노란 유채꽃에
송글송글 맺힌 이슬은
파리하도록 곱기만 하고

옷깃 젖는 줄도 모르고
꽃길을 걷는 내 가슴에
촉촉이 적셔 오는 이것은

어느 때 어느 날이란
이유조차 희미한
그저 지나간 그리움이

뭉게구름처럼 피어나
내면의 촉수를 간질이며
차오르는 설움덩이가
세월에 녹아 흐르는 것이라오

청솔

무영 홍 성 수

바람도 비켜 가는
실낱같이 가녀린 잎
빗방울조차 사치스러운 듯

긴 세월 갖은 풍파 속에도
평생 변하지 않는
청조한 모습으로

떨어지는 낙엽 되어
거름이 될지언정
휘지 않는 꼿꼿한 기백이여

동행

무영 홍 성 수

잔잔한 미소가 아름다운이여
나 그대 곁에 앉아
오순도순 여행을 하고 싶소!

산사의 아침같이 맑은 이여
나 그대와 식탁에 마주앉아
오붓한 만찬을 즐기고 싶소!

언제나 인생을 여행같이
그리고 여행을 인생길 같이
나 그대와 늘 동행이고 싶소!

그림자

무영 홍 성 수

가로등 찬란한 밤거리
만상의 심신을 품고
홀로이 걷는 길

앞뒤 좌우에서
나타났다 사라지는
길고 짧은 그림자는

복잡한 심사를 나타낸
내 안의 타인들인가
아니면 한 잔의 술 탓인가

혼자 걷는 밤길에
크고 작은 그림자
나에 동행이 되어 준다

겨울 상사화

무영 홍 성 수

님이 사그라져 간
무덤 부여안고 행여 추울까
비바람에 씻길까 우려하는 마음

엄동설한에도
깊은 땅속 태동 느끼며
푸르른 잎새 되어 덮어주고

시든 시래기처럼
여위어 가도 터전을 지키며
예쁜 꽃망울 피어오를 때

기꺼이 밑거름이 되어
대대로 사랑 지키려는
슬프도록 아름다운 겨울 상사화여!

* 상사화 꽃이 지고 가을이 되면 푸른 잎이 무성하게 올라와 추운 겨울 내내 알뿌리를 감싸다가 봄이 오면 사그라진다

일곱 무지개 길

무영 홍 성 수

심장엔 자식 담고
뇌리 속엔 부모님
입으론 얘기 꽃피우며
향기 따라 산사 가는 길

청천호 여울목 따라
백월산 줄기까지
골골이 피고 지며
축복하는 아름다운 무지개

사랑으로 마음을 여니
거대한 우주의 꽃
일곱 번째 무지개가
선걸음으로 동행이 되어

삶의 설움과 걱정도
환희의 빛으로 삭혀주고
모든 시름 내려놓고
가벼운 마음으로 가라 하네

* 친구와 장곡사 가는 길에 일곱 번의 무지개를 보며

젊은 날의 그리움

무영 홍 성 수

쉬지 않고 흐르는 세월 앞에
생각들은 자꾸 뒷걸음질 치며
지나간 날의 사연들이 되새김질 되는 건

단지 젊음이 생동하고 있었다는 것 뿐
사랑의 감정도 생의 무게도 버겁던 날들이
그리 기억할 만큼 좋았던 시절도 아닌데

살아갈 날의 희망보다 추억에 연연하여
생각에 생각이 꼬리를 물고 용틀임하는 건
다만 젊음에 대한 아쉬움 때문인가 합니다

할아버지

무영 홍 성 수

친구의 장난감이 부러워
이리저리 눈치 보며
괜스레 투정부리면

꼭꼭 접어둔 쌈지 열어
큼큼한 냄새 절은 돈
내 손에 꼭 쥐어 주시던

거칠지만 따뜻한 할아버지 손
언제나 곁에서 내 편이시던
할아버지의 든든한 사랑

할머니

무영 홍 성 수

꽁꽁 언 손 덜덜 떨며
할머니 하고 달려들어
가슴팍에 파고들어도

오~ 오 내 강아지 하시며
따뜻한 아랫목에서
두 손 폭 감싸 녹여 주시는

다정하고 달콤하던
그리움의 고향
할머니의 사랑자리

글랑 한경희
(시인)

끝없는 수평선 위에 흐르는 시상을 잡아내는 시인

한내문학이 낳은 시인들 중에서 정말 시인다운 시인이 누구냐고 묻는다면, 나는 서슴없이 '글랑 한경희' 시인이라고 말할 것이다.

거기에는 그럴만한 이유가 있다. 그러니까 '글랑 시인'은 대전지회장으로서 한내문학을 발판 삼아 대전과 천안 등, 벽이 높다는 문학세계에서 손수 몸담고 자신의 뜻을 활발하게 펼치는 시인이기 때문이다.

그리고 '글랑 시인'은 문학에 도전한 지 얼마 만에, 많은 시를 출산시키면서, 또 각 문학지에 자신의 창작시를 발표하면서 뜨기 시작했다.

누구보다도 시적 감각이 뛰어난 '글랑 시인'은 한 시대를 풍미하면서 세상을 시로 노래하고, 즐기는 이상적인 시인이다.

'글랑 시인'의 정서적인 시상은 잔잔히 파도치는 〈끝없는 수평선 위에 흐르는 시상을 잡아내는 시인〉이며, 가슴속에 잠재된 보석들을 서서히 배출시키는 여류였다.

詩 一部 〈사랑 = 당신 생각에 실성한 듯/ 알 수 없는 웃음만 나옵니다// 세상이 온통 행복으로/ 환해지며 밝기 시작합니다// 무슨 말을 하고 들어도/ 그냥 기뻐서 둥실 떠 있습니다// 당신 생각만 하면/ 괜히 히죽이는 중증 환자랍니다

지금 위 시를 보면 우선은 밝고 경쾌하면서 드라마처럼 펼쳐지는 느낌으로 눈앞에 펼쳐진다. 생각만 하면, 환해지면서, 둥실 떠 있고, 히죽이는 중증환자로 표출하면서 자신의 미적 감각을 충분히 살려냈다.

얼마나 좋은 표현인가! 고고한 시상으로 아름다운 사랑의 꽃을 피우며, 설렌 빛으로 노래한 '글랑 시인'의 그 고상한 시심에서 나는 차갑던 마음이 눈 녹듯 녹아나는 그 무엇을 느낀 것이다. 〈발행인 병철 최양희〉

- 호 : 글랑
- 사단법인 한내문학 시등단 신인상 수상
- 한내문학 동인시집 "성주산 울림" 제 4, 5호 동인, 숲속의 시잔치, 숲이 되고 나무가 되고 물이 되어 들키고 싶은 비밀(서점 판매중)
- 계간지 : 서라벌문예. 사단법인 한내문학 외 다수 수록
- 한국문인협회 회원, (사) 한내문학 회원, 덕향문학 회원, 바다문협 회원
- 사단법인 한내문학 대전지회장

보고 싶은 당신

글랑 한 경 희

떠올리기만 해도
떨리고 뭉클해지는 가슴
아무리 불러도 불러도
지치지 않는 고운 모습

동백기름 곱게 발라 참빗으로
단정히 빗어 넘겨 쪽 찌신
천상 여자이셨던 당신

숨 막힐 듯 무더웠던 여름날엔
한결같이 색 모시적삼 풀 먹여
곱게 차리신 모습 눈부셨고

어렵고 지쳐도 늘 괜찮다 하시면서
입가에 베어 문 안기고 싶은 하얀 미소
지금쯤 하늘정원에서
예쁜 꽃씨 심으며 행복하시겠지

이렇게 서러운 날엔
당신의 지혜가 그립습니다
그려도 그려도 멈춤이 없는
자애로우신 당신
시리게 시리게 보고 싶습니다

사랑

글랑 한 경 희

당신 생각에 실성한 듯
알 수 없는 웃음만 나옵니다

세상이 온통 행복으로
환해지며 밝기 시작합니다

무슨 말을 하고 들어도
그냥 기뻐서 둥실 떠 있습니다

당신 생각만 하면
괜히 히죽이는 중증 환자랍니다

화초의 꿈

글랑 한 경 희

사랑이 메마른 냉혹함 속에서
쉼 없이 달려온 한 생애
맥 빠진 어깨 초라해진 몰골
돌아보지 않는 육신

날선 수의가 웃고 있는데
한줄기 빛 되어 오신 당신 사랑
하늘 호수 四季를 볼 수 있으니

저승보다 희망이고 행복이란 이승
달콤했던 귀엣말의 따스한 여운이
외줄타기의 허허로움을
말끔히 씻어주는 혼불이었소

그만 살까 망설이던 마음에
천인단애를 유영하면서
흩어져 버린 넋을 주섬주섬 모으며
물 광 뽐내는 꽃 되고 잎 되어
한 걸음씩 한 걸음씩 그대 향해 가리라

아스라한 슬픈 추억은 버리고……

고운 사랑

글랑 한 경 희

당신은 내 안에
이만큼 와 있는데
나는 당신에게 얼만큼 가 있을까

밤잠을 설치면서도
억울한 생각이 안 드는 사람

가슴 안에 있어도 보이지 않는 사람
기억 저편에서 머뭇거리며 손짓하는 것은
아픔으로 자리한 까닭일까

오롯이 사랑으로 오신 당신
붉은 장미 한 다발 바칩니다

산 2

글랑 한 경 희

산은
지겹도록 그 자리에 앉아서
품을 것 다 품에 안고
거를 것 걸러내며 심심치 않게 사는
곰 같은 녀석이다

철없는
등산객이 소리라도 내지르면 대답할 줄은 알아도
곰처럼 어슬렁거릴 줄은 모르는 녀석

때맞추어 옷을 갈아입는 예지
스며든 눈물 안으로 삭이며 우는 속울음
꼭 건드려야 눈이라도 흘기는 모습은
큰댁 큰며느리 석삼년의 내 시집살이 모습이다
마냥 거기 그 자리
움직임을 모르는 녀석이다

세상사

글랑 한 경 희

눈 감으면
세상이 보이고
눈 꼭 감으면
꿈이 보입니다

눈 뜨고 보는 것보다
두 눈 꼭 감고 보는 것이
더 아름다운 것을

눈을 뜨면
보이지 않지만
눈 꼭 감으면
환하게 보입니다

그래서
눈 뜬 장님의 절망보다
눈 감은 바보들의 무지개가
세상을 더 아름답게 만듭니다

그대들이시여!
이젠 두 눈 지그시 감고
우리들의 합창을 경청 하소서

= 정치인들을 보면서 =

어둠 속의 그림자

글랑 한 경 희

음!
그거였구나
미안해
관조하지 못해서

늘 네 안에 내가 있음을
몰랐던 거야
그랬던 거야
그랬었던 거야

서로를 지켜주는 원앙처럼
청사초롱 불 밝히고
마지막 순간까지

우리는 하나라고
깨우쳐 주는 너마저도
바로 나라는 것을……

나목

글랑 한 경 희

일순의 환호
우아하고 아름답던 자태
풍요롭게 피어나던 푸름
눈부시게 화려하던 색채

다람쥐 쳇바퀴의 삶이었나

한 철의 오만
이제 누명을 벗는구나

시린 사랑이 애틋해서가 아니라
떨어져 나간 육신의 일부
그들의 윤회를 축복하는
조용한 기도를 위해서다

첫눈이 내리는 날

글랑 한 경 희

첫눈이 내리는 날
꼭 만나야 할 사람이 있다
소복이 쌓인 하얀 길 위엔
네 개의 발자국만이 다정스레 웃고 있다
넓은 가슴과 따뜻한 미소가 머무르는 사람
단 한 사람 나의 사람

첫눈이 내리는 날
새하얀 발자국 속에 무수히 쏟아지는 언어들
다만 두 손 꼭 잡고 말은 없었다
사람들이 뒤엉킨 버스정류장에서도
어렵지 않게 나를 발견하는 사람
그 사람을 만나기 위해
이렇게 먼 길을 돌아왔나 보다

어둠이 내려 잡은 손이 꽁꽁 얼면
군고구마 하나 굴리면서 호호 불기도 한다
첫눈이 내리는 날
우리들의 하얀 흔적 속에는
수많은 노래와 시와 삶이 담겨져 있다
우리는 그렇게 첫눈을 맞으며
하늘의 별처럼 많은 이야기를 했다

다만 말은 하지 않았다
첫눈이 내리는 날

하얀 나무와 작은 새

글랑 한 경 희

앙상한 가슴에 들어온 작은 집 하나
부끄러워 하얀 솜이불 덮었지
고적한 마음 안에 앙증맞게 들어와
고운 소리 내어 주고 바삐 오가며
슬픈 눈망울로 덩그러니 서 있는데
연신 고맙다고 읊조리며 건네던 하얀 미소

그래
세상은 아름다운 거야
행복한 내일이 기다리니……

황혼의 12월

글랑 한 경 희

쉼 없이 달려온 시간들
새로운 한 해를 맞기 위해
비워 낸 가슴 안에
네가 있어 늘 향기 나는 날이었어
너를 만난 것은 행운이었지
상큼한 수박 향안에서 행복 했어
꿈같은 시간들이 하늘을 날고
구름처럼 흩어졌던 인연의 고리가 다시 채워졌어
멍 뚫린 가슴에 피어난
너는 그렇게 기쁨이고 희망이었던 거야
속질없는 욕심은 바람 되어 흩어지고
꿈으로 가득 채워진 가슴은 웃고 있었어
움켜쥐었던 손등보다 쫘악 펴진 손바닥에
소리 없는 요정되어 내려앉은
눈 시리게 아름다운 붉은 노을이여!

덕암 임창택
(시인)

예리한 성찰로 진주알을 낳는 시인

이번 동인시집에 첫 선을 보이게 된 '덕암 임창택' 시인을 처음 만났던 일이 생각난다. 그러니까 2년 전, 이미 시인의 문 앞에 서 있는 '덕암 임창택' 시인의 시 몇 편을 보면서, 나는 대뜸 첫마디가 "참으로 놀라운 시상을 타고 났다. 앞으로 한국문학에 훌륭한 시인으로 부상할 것이 분명하다."고.......

그 무렵, 저명한 시인이 그의 등단작품을 받고나서 심사 했는데,

〈시 심사평 = 임창택은 주로 주제의 창출(創出)에서는 그리움을 이미지로 투영하고 있다. '참숯'이나 아버지, 내 누이 등의 시적 상황이 그의 체험에서 생성한 인식을 소중하게 시적으로 형상화하고 있어서, 앞으로 언어의 조탁(彫琢)에 더욱 연마를 하면 좋은 작품을 창작할 수 있을 것으로 확신한다.〉라고...... 평했던 것을, 나는 또 여기에 인용하는 바이다.

> 詩 一部 〈성주산 오딧세이아 = 억수같이 퍼붓는/ 생명의 방울방울로/ 노래하리라/ 노래하리라/ 한내의 도도한 흐름으로// 울려 퍼져라/ 깊고 푸른 / 성주산 오딧세이아!

'한내의 도도한 흐름으로, 울려 퍼져라 깊고 푸른 성주산 오딧세이아!' 이렇듯, '덕암 시인'의 시를 보면, 압도적인 시상은 마치 찬 공기를 가르는 날쌘 화살처럼 독자 가슴에 파고드는 〈예리한 성찰로 진주알을 낳는 시인〉이다. 그의 시에는 살아 있는 듯한 강한 생명력을 지니고 있다.

현재, 한내문학 사무총장으로 활약 중인 '덕암 시인'의 시세계는, 시구마다 깊이와 철학이 배어 있으며, 차원이 남다른 문학적 소질로 자신의 내면을 잘 반영시켜 나가는 것이 시인의 재능이라 하겠다.

〈발행인 병철 최양희〉

- 호 : 덕암
- 경남 마산 출생
- 現 한우전문점(뜨락 우미정) 운영
- 사단법인 한내문학 시등단 신인상 수상
- (주)건양 건양개발 (주)(유)오크밸리 상무이사
- 사단법인 한국문인협회 회원
- 사단법인 한내문학 사무총장

성주산 오디세이아

덕암 임 창 택

울려 퍼져 내려앉은
나지막한 육성으로
가라앉아 떠오르는
초승의 꿈을 안고

대지를 적시고
젖은 대지에 숨어
비행을 준비하는
반딧불이의 꿈처럼

억수같이 퍼붓는
생명의 방울방울로
노래하리라
노래하리라
한내의 도도한 흐름으로

울려 퍼져라
깊고 푸른
성주산 오디세이아!

마중의 봄 이야기

덕암 임 창 택

입춘은 지났는데
봄은 아직
보따리를 묶은 채
머뭇거리고

다 지나간 계절
그놈이 바꾼 풍경은
아직도 겨울잠

언 대지를 뚫고 내민
새싹이 소리치면
깜짝 놀란 봄 처녀
봄바람
긴 대바늘로 휘감아

연록 치마폭에
봄 이야기
뜨개질로 수놓겠지

겨울 그 끝자락에서

덕암 임 창 택

같은 장소 다른 풍경으로
너를 맞으며
시리고 쓸쓸함은
감출 수 없는 미안함이었다

서슬 퍼런 커튼을 드리우고
빛이 없는 어둠 속에서도
백설의 솜이불은
대지를 덮고
부끄러운 나를 가려
잠시 따스함도 느꼈는데

이제 너는 가려 하고
내가 너의 끝자락을
붙들고 매달려도
너는 여전히
차갑고 쌀쌀한 얼굴로
나를 외면하겠지

22공탄

덕암 임 창 택

형체도 빛도 없는
어둠의 자식으로
막장을 나와

둥글둥글
원만한 생김새
숨이라도 쉬고 살라고

심장을 꿰뚫은
하나를 더해
22공탄

달빛 소나타 (1)

-태동, 그믐, 보름, 기도, 꿈, 그리고 달빛 소나타

덕암 임 창 택

태동　이틀
그리고 사흘
비켜선 푸른 언덕 옆으로
새초롬이 고개 내민
가녀린 부채 끝 형상의
초승달로 떠올라
태동하는 여인의 둥근 배처럼
차오를 것입니다

달빛 소나타 (2)

-태동, 그믐, 보름, 기도, 꿈, 그리고 달빛 소나타

덕암 임 창 택

그믐　　어둠은 달을 품고
　　　　꿈을 꾸었고
　　　　초하루
　　　　푸른 언덕에 기대어
　　　　붉은 빛을 삼켰습니다

달빛 소나타 (3)

- 태동, 그믐, 보름, 기도, 꿈, 그리고 달빛 소나타

덕암 임 창 택

보름　　열닷새 보름
초록빛 뿜어내는
여의주 언덕 아래로
노래하는 선비의 만월정에
익어가는 아낙의 장독대에
목마른 우물가 두레박 속에도
뿌렸습니다

달빛 소나타 (4)

- 태동, 그믐, 보름, 기도, 꿈, 그리고 달빛 소나타

덕암 임 창 택

기도　　환한 속내 얼비치는
달동네 내 첫사랑
장독대 정화수 아래
무릎 가지런히 내려놓고
기도하는
아들의 어머니와 남편의 아내,
손자의 할머니를 보았습니다

달빛 소나타 (5)
-태동, 그믐, 보름, 기도, 꿈, 그리고 달빛 소나타

덕암 임 창 택

꿈 두 손 모아 간절히 쏘아 올리는
달빛에 그을린 꿈들을
깜깜한 이들의 갈구하는 생명과
꿈틀대는 무한한 영혼의 빛을
아!
배가 불러오고
달이 찬 까닭을
이제서야……

달빛 소나타 (6)

- 태동, 그믐, 보름, 기도, 꿈, 그리고 달빛 소나타

덕암 임 창 택

달빛 소나타　　자만으로 부끄러운 얼굴
띠구름 소매 깃으로
얼굴 가려 모면하고
달문 열고 사그리며
하현으로 노래합니다

수많은 이들의
갈구하는 생명 위해
기껍게
죽음으로 춤 춥니다

달빛이 언제
눈부신 광채였냐고
달빛이 어디
연못을 가려 비췄냐고……

한내之蓮(지연)

덕암 임 창 택

청마의 기운 타고
한내로 날아든 맑고 푸른 향기
대한의 매향보다 더하며
우수의 찬 물결처럼 맑고 투명하여라

진흙 속에 물들지 않으며
뿌리 곧고 속으로 통하여
하늘 향해 펼쳐진 푸른 지성위에
님 그리며 피어난 고혹한 지연이여!

때 이른 봄나들이
연꽃이슬 옷소매에 젖어
향기 더하니
*덕향이 한내를 넘어
만리를 감싸네!

* 덕향 : 배윤희 시인 호, 한국민족문학가협회 '문학상 최우수상 수상자 "덕향 배윤희" 시인의 축시

운강 **김춘희**

(시인)

가녀린 여인네 속마음을 고상한 시상으로 비춰내는 시인

'운강 김춘희' 시인의 활동무대는 다양하다.

원래 타고난 성격도 있지만 가정주부로서의 집안 살림만 꾸려나가는 그런 여인이 아니라, 이 시대에 꼭 필요한 일꾼으로 활약하고 있는 것이 그의 생활이다. 운동가, 단체모임 리더, 신문기자 등, 노력하는 일마다 확실하게 두각을 나타내는데, 특히 시 쓰는 일에 대하여는 뜨거운 몸으로 포옹하는 기질이 엿보인다.

다시 말해서, 운동할 때는 냉철하고 과감하게 상대를 기선 제압하지만, 시인으로 돌아오면 〈가녀린 여인네 속마음을 고상한 시상으로 비춰내는 시인〉의 소박함이 내재되어 있는 소녀시인이다.

詩 全文 〈부소산 = 관광객 사로잡는/ 부소산 오색절경// 낙화암 삼천궁녀/ 백마강 붉은노을// 고란사 풍경소리/ 가을을 읊는구나// 옹달샘 다람쥐들도/ 단풍취해 쉬노라

위 시를 보면 '운강 시인'의 속 마음을 단번에 간파할 수 있다.

옛 백제의 상징 백마강을 소재로 노래했지만, 간결한 정형시가 일품이다. 폭 넓은 그림으로 펼쳐내면서 또 다른 〈부소산〉의 가을 절경을 보는 듯, 관광객을 사로잡는 부소산 오색절경들을 또 여기서 보여준다.

고기는 자근자근 씹어야 맛이 나듯, 시도 미감과 촉감이 민감하여 좋은 시는 음미하면 음미할수록 '운강 시인' 시 맛도 이러한 것은, 당연한 일일 게다.

한창 한국문학계에 부상하고 있는 '운강 시인'의 영원한 생활파트너는, 창작 시세계이며, 지금까지 〈2권 이상의 창작시〉를 생산했지만, "시집 내는 것이 조심스러워서......"라고 말한다. 〈발행인 병철 최양희〉

- 호 : 운강(云江)
- 노년시대신문 기자
- 부여군 생활체육이사. 여성회장
- 부여군게이트볼협회 사무국장
- 게이트볼 1급 심판
- 사단법인 한내문학 시 등단 신인상 수상
- 〈한국 시 대사전〉 시 수록
- 한내문학 14인의 동인시집 “성주산 울림” 제 5, 6호 동인
- (사) 2013년 12월 한내문학상 본상 수상
- (사) 한국문인협회 회원
- (사) 한내문학 회원

부소산

云江 김 춘 희

관광객 사로잡는
부소산 오색절경

낙화암 삼천궁녀
백마강 붉은노을

고란사 풍경소리
가을을 읊는구나

옹달샘 다람쥐들도
단풍취해 쉬노라

사공의 노래

云江 김 춘 희

浮山에 끝자락이
백마강 숨가르고

써래질 논가에는
보름달 남겨 놓고

조각배 노 젓는 사공
읊어 보는 뱃노래

* 부산 : 백마강 근접에 있는 조그만 산 이름

돌고 도는 세상

云江 김 춘 희

빨강 노랑 파랑
가슴 저리어 오는 색소폰 소리에
돌고 도는 휘황찬란한 불빛

둘이 하나 되어
팔랑이는 치마도 돌고
속고쟁이도 돌고 돈다

활짝 핀 연꽃은 자태를
뽐내며 하늘을 돌고
향기는 땅에서 돈다

하얀 웃음 짓는
부처님도
돌고 돌며 돈다

극락이
먼 곳이 아니라
바로 이곳이 극락이로세

돌지 못하는 나는
지옥문 지키는 지킴이로서
돌고 돈다

날개를 활짝 펴며
돌고 도는 세상
콜라텍

착각

云江 김 춘 희

초파일 연등화에
소원을 실어 놓고

달무리 이팝나무
종이학 올라앉아

거리에 함박눈 피어
겨울인가 했노라

* 부여 시내 가로수 이팝꽃 핌을 보고서

한밤중 손님

云江 김 춘 희

커튼 너머
창문 활짝 여니
왈칵 달려들어
키스하는 바람

별도 달도 없는
무인도 같은
길 잃은 밤하늘에
치맛자락으로
그림 그리는 바람

깊고 깊은
산골짜기 같은
까만 밤에

고란사 절벽에
칼날같이 얼어붙어
시원함 같은 바람

이불속 깊숙이
스며 들어
내 님처럼
동침하는 바람

가시렵니까

云江 김 춘 희

창가 걸터 앉아
은은한 핑크빛
침실 살그머니
훔쳐만 보고 가시는 님

호수 같은 잔잔한 가슴
활활 타는 장작불에
놀래 뛰는 심장을
어떻게 하라고 가시렵니까

님이시여
아무말도 없이 가시려면
이내 마음
흔들어 놓지 말고 가실 것이지

마음 설레게 흩트려 놓고
어찌 그렇게 가시렵니까

서쪽 끝자락으로
뒷걸음하는 달님이시여

가을 오는 소리

云江 김 춘 희

별님은 출타했나
빗장 잠겨져 있고
허공 아래
옥상에 올라
뛰어놀고 있는 백중 보름달

궁둥이 흔들며
산들산들 불어오는
바람 속에 짙은 향수 뿌리며
가을 유혹하는 소나무

수줍은 새악시같이
얼굴 쓰윽 내밀고
알알이 영그는 들녘 벼

늘씬한 몸매 자랑하며
고추잠자리와
귀뚜라미 색소폰 연주로
파티 여는 해바라기

내
귀를 간지럼 타며
오는 가을 소리

내 새끼들

云江 김 춘 희

나는 그대로이건만
가슴 넘고 어깨 위로
쑥쑥 올라오는
내 새끼들

꿈을 먹고
희망꽃을 피울
내 새끼들

눈에 넣어도
아프지 않다던
말이 실감나듯
눈동자에 새긴
사랑스런
내 새끼들

내 머리 위로 올라
깊어가는 주름살
내려다 보는
내 새끼들

큰 나무가 되어
여러 사람들이

의지할 수 있는 나무가 되길
기도하는 할미꽃

사랑하는 손주
내 새끼들

화(火)

云江 김 춘 희

하늘을 꿀꺽 삼키고
붉게 태운 저녁노을

만추를 빨갛게
물들인 단풍에
놀라 튀어나온 심장

색동저고리 입고
바람에 트위스트 추며
백마강 붉게 물들인 코스모스

가을을 태우다

가는 年

云江 김 춘 희

바닷가 끝자락에
빠져든 불덩어리

파도에 출렁거려
퍼지는 심장물결

홍노을에 스며드는
계사년에 기울림

채워지는 사랑

云江 김 춘 희

칼바람에 꽁꽁 얼어
떨어질까
두근거리며
심장 두드리는
가냘픈 눈썹달

옷고름 길게 풀어 날리며
스란자락으로
애잔한 가슴앓이를
온몸 휘감싸는
아픔으로 채워가는 반달

저미는 고통과
허전함을 견디면서
꽉
채워지는 보름달 보며
벅찬 마음에
가슴으로 운다

우전 박서진

(시인)

소중한 보석을 서슴없이 배출하는 시인

자신의 목숨처럼 시를 사랑하는 시인을 소개하라면 나는 '우전 박서진' 시인을 가리키고 싶다.

더 자랑하고 싶은 것이 있다면 '우전 박서진' 시인의 눈부신 시작활동에 놀랐던 것이며, 특히 각 문학모임에서 보석 같은 시심을 불태워 밝은 빛을 사면팔방으로 발산하는 시인이었기 때문이다.

그러니까 현재 (사)한내문학 광명지회장으로 활약 중이지만, 그보다 앞서서, 나는 '우전 시인'과는 문학으로 알게 됐는데, 그는 참으로 부지런하고 인내심이 강한 상징적인 시인으로 자리 잡았다.

타고난 재능을 그냥 두지 않고, 자신과 자연에 배합시키면서, 어디를 가나 넉넉한 시상으로 〈소중한 보석을 서슴없이 배출하는 시인〉이다.

> 詩 一部 〈봄이 오면 = 흰 눈 쌓인/ 구름산이 눈물로/ 회개 기도 드릴 때// 냇물 되어 흐르는 한내천아/ 안양천이 옆에 있어/ 늘 보잘것없지만// 아아/ 광명의 심장부 뚫고/ 흘러 흘러/ 위대한 큰 산 같은 소하리/ 기아산업 헌신 하리니

위 시를 여겨보면 '봄이 오면, 흰 눈 쌓인, 구름산이, 눈물로 회개 기도 드릴 때, 냇물 되어 흐르는, 한내천아 (중략) 광명의 심장부 뚫고, 흘러 흘러' 하고 노래했다.

위 시는 현재 '한내문학'과 광명시에서 활동하는 '자신'의 시적 이미지를 표현하고, 은유적 감각을 잘 살려내면서, 비유적 형상으로 풀어냈다.

지금도 사회봉사 활동과 시작활동에 열의를 다하고 있는 '우전 박서진' 시인은, 시에 대한 사랑이 누구보다도 강하게 작용하고 있다는 점에서 나는 더 존경하는 바이다.

〈발행인 병철 최양희〉

- 호 : 우전(宇田)
- 1952년 1월 22일 서울 중구 출생
- 월간 문예사조 詩부문 신인상
- 한국문인협회 詩분과 정회원
- 광명문인협회, 문예사조문인회/ 회원
- 한국민족문학가협회/ 운영위원,
- 월간 한올문학회/ 이사, 광명지회장
- 지필문학작가회 부회장
- 대한문예신문/ 광명지사장. 특별취재기자
- (사)한내문학/ 초대광명지회장?
- 詩가흐르는서울 詩낭송회/사무국장
- 한국민족문학상 우수상 수상
- 〈한국 시 대사전〉 시 수록
- 시가 흐르는 서울 동인시집 '옹달샘' 1~5호 공저
- 대한민국 특선시집 '꽃잎은 져도 향기는 남는다' 공저
- 각종 문학잡지, 신문 수록
- 한국 인장, 성명학, 작명 연구협회/ 공동대표
- 구름산좋은이름짓기연구소/ 소장
- 광명시인쇄업협의회/초대회장 역임
- 광명시인터넷 소통위원회/ 위원
- 광명장애인문화예술탐방단/ 단장
- 광명어르신문화체험봉사회/ 명예회장

봄이 오면

宇田 박 서 진

흰 눈 쌓인
구름산이 눈물로
회개 기도 드릴 때

냇물 되어 흐르는 한내천아
안양천이 옆에 있어
늘 보잘것없지만

아 아
광명의 심장부 뚫고
흘러 흘러
위대한 큰 산 같은 소하리
기아산업 헌신 하리니

그대여
함께 노래 부르자 희망을
잠자던 영혼도
손뼉치며 새벽 깨우겠지

봄이 오면
광명은 분명 또 다른 변화로
들녘 향기

꽃향기 피워
큰 북 두드리리라

봄이여!
가장 낮은 곳으로 임하셔서
사랑으로 KTX도 달리고
나도 봄 속으로
힘차게 청마처럼 뛰게 하소서

겨울 시인

宇田 박 서 진

함박눈이 좋아
흰 눈 소복하게 오면
동화나라 초대되어
모두 시인 되리.

하이얀 종이에
발자국조차 남기고
싶지 않지만

시인은
시를 써야 시인이지
그래서
오늘도 시 써서
순백 도시 만드니
나 또한 자연 보호자

이 나라 주인공은
순수 때묻지 않은 어린이

어른들이여!
시인이 되소서
더이상 붉게도 검게도
또 다른 색깔로도 물들지 말고

이 시간
우리 모두 겨울시인 되어
이 세상 깨어보세.

더 이상 아무리 살기 힘들어도
펜을 꺾지 말며
울지 말고,
숨지 말고,
절대 죽지 말고,

또 다른 만남

宇田 박 서 진

스치는 인연이라며
봄 바람 속
흰 눈 녹이는
작은 속삭임
와 닿는 따스한 손길

잠시 머물러
가슴속 깊숙이
잔잔한 호수 되어
잊을 수 없도록 못 박아

어쩌면 이 만남
마지막 사랑인가?
아니면 여운인가?

뛰어 오며
멀리서 달려와서
힘차게 포옹하는 연인처럼

우리 인생
끝맺음 없는
황혼의 세월아!

깃발 흔들며 가보세
희망이 손짓하고
동산에 꽃이 만발하니

설레는 만남
기쁜 만남
또 다른 만남 아닌가?

하얀 눈 속으로

宇田 박 서 진

광명
구름산 정상에도
도덕산 기슭에도
함박눈이 많이도 내릴 때

내 맘
내 가슴속
흰 눈으로 물들이고 싶네

이 어두운 세상살이
하얗게 덮어 덮어
보이지 않는 그곳까지
깨끗이 치유할 수만 있다면

우리 님이여
하얀 눈 속으로
이 새벽 KTX로
떠나자 여행을……

들국화 꽃으로

宇田 박 서 진

언젠가 편지 쓰고 싶다면
당신 위하여 쓰리

지난
온 세월 달려온
밤기차 기적소리
울부짖음만으로 귀를 때리네

가슴속에만 흐르는 눈물
많은 인연의 흔적까지 강물 되어
깊은 바다로 남김없이 흘러 보내지고,

이제야 긴 여정 중간
반환점 돌고 돌아와 보니

아직까지 살아온 뜨락
또 다른 만남과 아픔 나누는 이에게
아아~ 환희의 노래 부르게 하겠지

믿음과 소망은 차가운 향수로
한줄기 소나기같이 상처 적시며

못다 한 사랑은
저 하늘 끝자락에서라도
들국화 꽃으로 피어나리라.

눈길

宇田 박 서 진

하이얀 백지에다
당신을 그릴 수 없어
그저 바라만 보는 그리움

인생 육십
살아오며 정녕
만날 수 없었기에
여린 가슴속 흐르는 눈물

자꾸만 쌓여쌓여
멀어져 가는
좁은 길
막혀버린 눈길 외길

님이시여!
이제 따스함으로
당신께 갈 수 있게 하소서

다만
봄이 봄이 왔다고 할 때……

구절초

宇田 박 서 진

번개 천둥소리 속
마구 자랐다고
흉보고 야단치니

길거리 한 모퉁이
내 멋대로 살아왔다 하네

파아란 하늘 밑
청아한 꽃향기 날릴 때면

그대 사랑하는 사람 있어

늦가을 지금
보잘것없는 우리 님께
바람으로 보내 줄 수 있을까?

가을비

宇田 박 서 진

운다고
우는 것이 아니라
웃는다고
웃는 것이 아닌 세상살이

이렇게
늦가을 가을비로

세찬 바람 속에
그나마 남아 있는 잎새마저
떨쳐버리려 하는데,

아무리 미워해도
아무리 가라 해도

그 친구 떨어지지 않으려 하네

낙엽처럼 떠나가라
항암치료로

온 대지 위에
떨어져 뒹구는 하얀 낙엽인 양
당신 속 암덩어리……

나목

宇田 박 서 진

또 왔다 가는
작은 인생 간이역에
지금 손잡으며
뒤돌아 울고 있을 길손

하늘도 땅도
스쳐가는 바람에 옷 벗어
이 아픔 치유하면
새롭게 다가가는 너와 나

이제 새벽 닭 울어 가슴속
사랑만 비추어
꿈이여
이루어지게 손뼉 쳐 다오

아! 아!
멀리 떠나보내며
잠시 울어버린 나목의 꿈
물안개처럼 피어 사라지면

다시 만날
그날 그 아침
한 장 사진 남기리

덕향 배윤희

(시인)

신선한 공기를 여유롭게 흘려 보내는 시인

사람으로서, 어떠한 상황이 벌어지든 간에 늘 변함없이 산다는 것은 드문 일이다. 그런데 '덕향 배윤희' 시인은 수년을 하루 같은 모습으로 제자리에 머물러 있다. 그리고 언행과 품위가 흐트러짐이 없기에, 주변 사람들로부터 이조여인의 표상으로 존망 받고 있는 것이다.

어디 그뿐인가. 전국 문학인에게는 '덕향 시인'의 문학적인 재능과 그 업적을 여겨보면서 훌륭한 여류시인으로 널리 알려져 있던 것이다.

여기에 또 한마디! 우리 〈동인시집〉을 탄생시킨 주인공은, 창간호부터 지금까지 '무영 홍성수' 시인과 '덕향 배윤희' 시인 두 분의 적극적인 추진으로 이루어진 결과라는 걸 표명하고 싶다.

이렇듯, '덕향 시인'은 보이지 않는 중추적 역할을 담당해온 공인으로 활동하였기에 지금 막 한국문단의 시성으로 떠오르고 있는 것이다.

또한, '덕향 시인'은 깊은 산속에서 〈신선한 공기를 여유롭게 흘려 보내는 시인〉이기에 우리 모두는 그의 시 속에서 머물러 있는 것이다.

> 詩 一部 〈그 날 = 흐르는 세월에 빛이 발하는 게 아니라/ 색깔이 더 선명해지는 생애 단 한 번의 사랑!/ 만남과 이별이 교차하던 그 날/ 작은 새 수풀에 앉아 쉬어가듯/ 내 인생에도 그런 날도 있었지.

위 시에서 "작은 새 수풀에 앉아 쉬어가듯, 내 인생에도 그런 날도 있었지" 하고, 탁! 솔직한 심정을 터놓고 읊조렸는데, 시의 깊이와 시심에서 새론 서정을 느낀다.

자신의 세월과 사랑과 인생관을 발표라도 하듯, 시심과 시적 메시지를 전달했는데 그야말로 구름 속에서 쏟아져 나오는 햇살처럼, 눈부신 빛으로 피부에 와 닿는 시이다.

〈발행인 병철 최양희〉

- 호 : 덕향
- 2006년 (사)월간 한울文學 시부문 신인상 수상
- 한울문학 언론인문인협회 회원
- (사)한국문화예술유권자총연합회 회원
- 대한민국 사단법인 문화예술교류진흥회 회원
- 한국문인협회 회원
- 103인 명시선집 동인(한국명시발간위원회)
- 〈한국 시 대사전〉 시 수록
- 한내문학 14인의 동인시집 "성주산 울림" 제1, 2, 3, 4, 5호 동인
- 공저 시집: '징검다리, 하늘빛 풍경, 내 가슴에 너를 부를 때 외 다수
- 2011년 한내문학 문학상 본상 수상
- 보령노인종합복지관 '2013년 함께하는 문학교실' 강사
- 2014년 한국민족문학가협회 문학상 최우수상 수상

사랑한다는 것은

덕향 배 윤 희

살며시 마음에 깃든 그대의 손길은 참 곱기도 하다
바람결을 타고 다니는 그대를 대신해

사랑이라는 것을 읊어주고 싶어 다정하게 끌어안자
그의 눈빛이 따스하게 반짝인다

아! 사랑한다는 것은
햇빛 아래 한껏 부푼 꽃송이와도 같구나
방전된 배터리 같다는 것을
난 미처 모르고 살았구나.

자유의 꽃

덕향 배 윤 희

내 인생의 화양연화는 언제였던가!
터질 듯한 앞가슴을 풀어헤치고 바다를 에돌다가
애인 품으로 살며시 파고들듯
태양은 나에게 그렇게 다가왔다
내 생에 남은 반세기
내 젊은 날의 기다림, 머물지 않으리라.

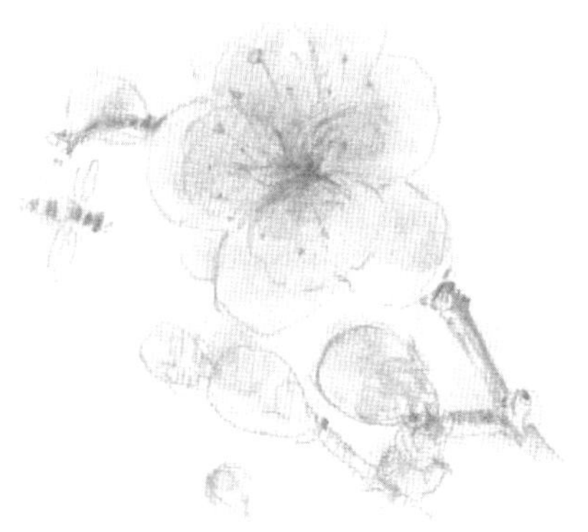

그 날

덕향 배 윤 희

아무도 모르게 스쳐 지나가 버리는 날들
흐르는 세월에 빛이 발하는 게 아니라
색깔이 더 선명해지는 생애 단 한 번의 사랑!
만남과 이별이 교차하던 그 날
작은 새 수풀에 앉아 쉬어가듯
내 인생에도 그런 날도 있었지.

짧은 글

덕향 배 윤 희

꽃은 이뻐지려고 노력하지 않는다
그저 생긴 대로 피었다가
말없이 지는 꽃을 보고 아름답다고 한다
잔잔한 일상의 흔들림!
고백은 때론 어색하지만
거울을 보고 웃어 주니
거울이 빨갛게 물들었다.

가족

덕향 배 윤 희

가족의 존재 가치를 깨닫게 해 줘서 고맙다는 말에
남편이 말합니다

"당신 말은 언제나 옳으니까!"

동생 잘 챙겨줘서 고맙다는 말에
아들이 말합니다

"어머니는 평생 가족을 위해 아침밥 하시잖아요"

오빠한테 늘 양보해줘서 고맙다는 말에
딸이 말합니다

"엄마 딸이잖아요"

이 세상에서 이보다 더 듣기 좋은 말이
또 있을까요!

그 여자

덕향 배 윤 희

시를 디자인하는 여자 그 여자의 멘토는
그리움이었다.
천성적으로 남의 얘기 들어주기 좋아하는
그 여자는
달이 뜨면 달빛에 물들고 다정하기 그지없다
틈만 나면 스멀스멀 기어 나오는
삶의 드라마도
이제는 아무렇지 않게 덮어버릴 수 있는
여백이 있어 행복하다는 그는
천상 여자이다.

별 하나 (추억)

덕향 배 윤 희

살아가면서 벗어던져도 될 짐이 어디 흔하랴
쉬면서조차 내려놓지 못하고
뒤척이는 삶!
그렇게 생의 한 계절이 또 지나가고 있다
아랫목에서 꺼내주던 따뜻한 밥이 그립고
고향이 그립다
향기 짙은 추억은 꽃잎이 떨어진 뒤에도
그 향기 영원히 가슴에 남겠지.

별 둘 (그리움)

덕향 배 윤 희

그리움이 닮도록 오래 바라본다.

닮은 듯 다른 그는 언제나 낯설다

찰나와 영원은 일맥이라

사라져 가는 게 그가 아니라

생각의 모퉁이에

내가 있기 때문이다.

별 셋 (별똥별)

덕향 배 윤 희

부지깽이로 불씨를 후후 불어 살리는
어머니의 손길이 매우 바쁘다
살아난 불씨는 어머니 두 눈동자 속에 활활 타고
부엌 문지방 너머로
후두두 떨어지는 별똥별 사이로
젊은 어머니의 삶이 쌓이고
세월도 쌓였다.

별 넷 (사랑)

덕향 배 윤 희

너를 보는 순간 말로 표현할 길이 없는
그 기쁨을 눈빛으로 담았다
부모와 자식의 인연은 삶이 주는
대단한 선물이다.
자식을 위해 나를 바꿀 수 있다면
그게 온전한 사랑이 아니고 무엇이란 말인가
엄마 자리 힘들어 울 때도 있지만
이건 진정으로 행복한 눈물이었다
이제 머지않아 봄이 오면
꽃이 피겠지
꽃밭 가득 꽃향기가
진동하겠지.

별 다섯 (달)

덕향 배 윤 희

사각사각 달빛을 밟고 가는 소리는
무한한 신비에서 인간은
찰나의 티끌만도 못한 존재가 아닐까
마음이 야위는 만큼 허세는 커져만 가는
세월의 더께를 감출 수가 없다
그러나 눈발이 날리는 겨울도
따뜻하기 위해 봄은 기어이 봄이며
달빛도 더없이 찬연하다.

신승환
(시인)

작은 꽃잎도 고운 시상으로 승화시키는 재량의 시인

천성적으로 마음이 여리고 착한 반면에, 어느 한곳에 정신 쏠리면 그곳에 온 전신을 불사르고 있는 시인이 있는데, 그가 바로 〈한내문학 부회장〉으로서 열심히 일하는 '신승환 시인'이다.

그는, 고뇌의 연속인 창작에의 길이 너무 힘들고 복잡하여 한동안 머뭇거리다 다시금 코스를 잡고 질주하기 시작(詩作)했는데, 지금 '신승환 시인'은 무척 행복한 시를 수없이 출산시키고 있는 중이다.

더 뿌듯한 것은 '신 시인'의 시는 마치 중견시인의 수준과 어깨를 겨루면서, 이젠 시인다운 시를 세상 밖으로 당당하게 발표할 수 있는 경지와 여유를 가졌다는 점이다.

직장에서도 인정받지만, 특히 문학계에서 이미 널리 알려진 시인이다. 하나의 〈작은 꽃잎도 고운 시상으로 승화시키는 재량의 시인〉이며, 타고난 시적 재능으로 자신의 끼를 발휘하고, 새로운 창작에의 행복을 누리면서, 함께 어울리고 일할 수 있는 동료가 있어, 그는 안정되고 보람 있는 시인이라는 것을 다행으로 여기고 있다.

> 詩 一部 〈비상 = 이름 모를 야생화가 수놓아져 있는/ 강가에 서 있습니다// 내 영혼을 태워 뿌렸던/ 강가에 서 있습니다// 오늘은/ 새로 태어난 내 영혼의 날개를 펴/ 그 강가를 날고 있습니다

이렇게 기발한 시상의 아름다운 빛으로 "내 영혼의 날개를 펴고 강가에 날고 있다"는, 순수한 자신의 시심을 끊임없이 발산하였다.

'신 시인'은 알게 모르게 시 쓰는 일에 열의를 다 함으로써 눈부신 발전을 거듭하는 것이다. 의롭고 착한 '신 시인' 같은 시인은 정말 보기 드문 일이다.

〈발행인 병철 최양희〉

- 전북 군산 출생
- 원광대학교 전기공학과 졸업
- (주) 한국중부발전(전 한국전력) 보령화력본부 재직
- (사) 한내문학 시 신인상 수상
- 한내문학 사무국장 역임
- 한내문학 13인의 동인시집: "성주산 울림" 3, 5호 동인
- 심천시호명시선집 제1집 시 수록
- 〈한국 시 대사전〉 시 수록
- (사)한내문학 부회장
- (사)한국문인협회 회원

삶 건너편을 향해

신 승 환

여름을 목 놓아 울던
매미 울음소리 사라지기 시작한 날

내 영혼의 동굴로 들어갑니다
마늘 한 줌과
쑥 한 다발 들고

삶에 미련은 뒤로하고
내 영혼의 동굴로 들어갑니다

묵은 찌꺼기를 다 녹이여 내리고
기쁨도 슬픔도 고통도 넘어
무념의 내가 되는 날까지 나오지 않을
내 영혼의 동굴로 들어갑니다

가을 속으로

신 승 환

가을 속으로 스며들고 있습니다

낙엽 되어 허공에 날리다
영혼은 매캐한 연기로
하늘로 날아가며
육신은 하얀 재로
있었던 곳으로 돌아가기 위해

가을 속으로 스며들고 있습니다

겨울나무

신 승 환

노래를 불러 주던 친구도 떠나고
추위에 떨며 서 있는 겨울나무

바람에 찢긴 누더기도 걸치지 못하고
추위에 떨고 있는 겨울나무

속 다 말라 잎사귀 하나 없는
죽어 가는 겨울나무

뿌리에 머금은 물 한 방울로
허기를 달래며 죽음을 기다리는 겨울나무

네 이름은 겨울나무였구나

어느 날

신 승 환

목련나무엔
꽃은 피지 않았다

파르르 떨던 목련 봉오리 보며
설레 잠 못 이루었으나

목련나무엔
꽃은 피지 않았다

눈발 섞인 봄바람에
한 봉오리 피 도하며 떨어지고

목련나무엔
꽃은 피지 않았다
봄이 다가도록

봄이 다 지나던 어느 날
하늘 향해
조용히 노래 한 곡 부르고

목련나무에
내 가죽 벗겨 기름 짜 바르고
불을 지폈다

하루하루

신 승 환

잡풀 우거진 벌판에
꽃을 심어 보자

묵은 뿌리 캐내고
꽃을 심어 보자

썩어버린 황무지 갈아
꽃을 심어 보자

돌 고르고 거름 주며
꽃을 심어 보자

내일 꽃이 피겠냐만
꽃을 심어 보자

오늘도 내일도
꽃을 심어 보자

하늘에 정성이 닿으면
그때는
꽃 만발하겠지

꽃을 심어 보자
오늘도 내일도

나를 찾아서

신 승 환

오늘은
내 속에 나를 찾아 여행을 떠납니다

조용하고 맑은 날이어
여행을 떠나도 좋을 것 같아
내 속에 나를 찾아 여행을 떠납니다

두려워서 가슴속에 숨겨 두었던
알고 싶지 않았던
내 속에 나를 찾아 여행을 떠납니다

오늘은 따뜻한 날이어
상처난 내 속에 나에게 다가가
약을 발라 줍니다

오늘은 기쁨으로 가슴이 떨리는 날이어
외면되었던 슬픈 내 속에 나에게
아름다운 동화책을 읽어 줍니다

오늘은 죽음도 두렵지 않은 날이어서
내 마음 깊은 곳에 있는 고독의 발가락에
입 맞춥니다

당신

신 승 환

당신의 눈이 맑아
당신을 사랑했습니다

당신의 목소리가 아름다워
당신을 사랑했습니다

당신의 입술이 붉어
당신을 사랑했습니다

어느 날이 되면

당신의 눈물을
닦아주는 사람이고 싶습니다

당신의 상처에
약을 발라주는 사람이고 싶습니다

당신의 슬픔에
귀 기울여 주는 사람이고 싶습니다

오늘은

신 승 환

희망이 없어진 가슴에
새싹이 돋아난
오늘은

평온으로 마음이 가득 찬
오늘은

춥지도 덥지도 않을 만큼 포근해진 마음인
오늘은

내 마음의 동굴에서
나와야 될 날인 것 같습니다

희망의 새싹을 뿌리며

사랑을 말들을 전하며

슬픈 영혼들을 돌보며

하루하루를
살아갈 수 있을 것 같은
오늘은

내 마음의 동굴에서
나와야 될 날인 것 같습니다

살아 있는 동안

신 승 환

부지런히
남아 있는 생의 시간 동안
부지런히

꽃씨를 뿌리렵니다
마음에 꽃씨를 뿌립니다

멀리 갈 수 있게
날개가 있었으면 합니다

아주 멀리
아주 멀리
돌아올 수 없을 정도로 멀리

상처난 마음에
꽃씨를 뿌리렵니다

기쁜 마음에도
꽃씨를 뿌리렵니다

씨앗은 마음의 색깔에 따라
꽃이 되어 피어나고

더 이상 씨앗을 뿌리지 않아도
바람은 꽃씨를 날리울 테니까요

아주 멀리 아주 멀리
꽃씨를 뿌리렵니다
부지런히 부지런히

아름다운 세상

신 승 환

계절에 맞게
새 옷을 입고 웃고 있는 세상은
그 속에 안기어 미소를 보내는 우리는

계절에 맞게
새로운 꽃을 피우는 세상은
그 속에 안기어 박수를 보내는 우리는

계절에 맞게
생명의 음식을 주는 세상은
그 속에 안기어 감동하는 우리는

세상을 다 알진 못하지만
우리가 너무 적어

세상은 참 아름답네요

비상

신 승 환

내 영혼을 태워 뿌렸던
강가에 서 있습니다

끝을 알지 못할 절망과 고통으로
내 영혼을 태워 뿌렸던
강에 서 있습니다

흐르는 냇물에
버들강아지가 손 흔들어 주는
강가에 서 있습니다

이름 모를 야생화가 수놓아져 있는
강가에 서 있습니다

내 영혼을 태워 뿌렸던
강가에 서 있습니다

오늘은
새로 태어난 내 영혼의 날개를 펴
그 강가를 날고 있습니다

국정 **최옥순**

(시인)

시상의 정서가 우아하게 장식되어 있는 여류시인

현재 예술가로서 "시(詩) 서(書) 화(畵)" 이렇게 삼절(三絶)을 섭렵한 시인도 드물 일인데, 여기 삼절을 한몸으로 포용하면서 소화시켜 내는 '국정 최옥순' 시인을 보고 나는 이렇게 말한 적이 있다.

"현시대에 뛰어난 재주꾼인데 정말 너무 안타깝다."고!

그 말에, '국정 시인'은 "누가 알아주기 위해서 예술 하는 것이 아니라 자아만족이다."고, 대답했다. 다방면으로 특출한 재능을 가진 예술가지만 시인으로서가 더 비중과 큰 명성을 가지고 있으며, 문학 활동에서 얻어진 '문학상 수상'을 비롯하여 개인시집, 동인시집 등, 뛰어난 저서를 발표한 덕분으로 '국정 시인'은 가는 곳마다 갈채를 받고 있다.

지금 한내문학 '전주지회장'을 맡고 있는 '국정 시인'은 문학인들 모두가 손꼽는 우상이다. 그 또한 문학의 열정에 〈시상의 정서가 우아하게 장식되어 있는 여류시인〉이기 때문이며, 자질과 인간미가 너무 좋기 때문에 문인들이 좋아하는 것이다.

> 詩 一部 〈자유의 물결 = 보고 싶은 그리움에/ 가끔 흐르는 눈물은 사랑으로 변해/ 당신 곁으로 더 가까이 갑니다.// 높이 든 깃발 아래/ 고상한 정신 숨 쉬지 않으랴/ 울부짖는 민족혼/ 자유의 깃발로 채찍질하며 다가옵니다.

진정한 시인은 시로 말한다. 잠겨 있는 마음을 시로 표현한다. 그리고 훌륭한 시인은 창작세계에 몰념한다. 여기 '국정 시인'이 바로 이러한 시인이었다. 그러한 것을 위 시에서 설명해 줬다. 애국적인 시심으로 "고상한 정신 숨 쉬지 않고, 민족혼을 위해, 자유의 깃발로 다가온다고" 노래했다. 이 얼마나 위대하고도 정겨운 노래인가? 〈발행인 병철 최양희〉

- 호 : 국정(菊亭)
- 시인. 수필가
- 경남 진주 출생
- 국제펜클럽 회원, 한국문인협회 회원
- 한국육필문학, 한맥문학 회원
- 한내문학 전주지부 회장
- 1993년 한맥문학 수필 등단
- 2008년 문예춘추 詩 신인상 수상
- 국제문화예술협회 매월당(김시습) 詩부문 본상 수상, 제13회 미국 L.A Epipodo 예술상 수필부문 본상 수상, 한국 시문학 연구협회 詩 제3회 모윤숙 문학상 대상
- 2009 12 23 한국인터넷 창립 축시낭송 "힘차게 솟아나소서 "
- 2009. 12. 23. 한국인테넷 언론인협회 감사패 받음
- 시집: 들국화 향기 외 동인지 및 문예지 활동 외 다수
- 한내문학 13인의 동인시집: "성주산 울림" 3, 4, 5호 동인

자유의 물결

菊亭 최 옥 순

어디선가
살아 움직이는 민족의 혼
환호성이 되어 긴 겨울잠을 깨웁니다.

작지만 강한 나라
거대한 선조의 얼
환한 빛으로 남아 우리 곁에 있습니다.

보고 싶은 그리움에
가끔 흐르는 눈물은 사랑으로 변해
당신 곁으로 더 가까이 갑니다.

높이 든 깃발 아래
고상한 정신 숨 쉬지 않으랴
울부짖는 민족혼
자유의 깃발로 채찍질하며 다가옵니다.

당신의 눈물

菊亭 최 옥 순

심중에 남아 있는 말 한마디
끝내 다 하지 못하고 돌아서며 부르는 이름이여

한으로 남아 있을 혈육 앞에
긴 기다림에 지친 얼굴 검버섯만 남아 있구려

아! 통일이여 어서 와라
기다리고 기다림에 지친 눈물이여

가냘픈 한줄기 희망의 빛에
혈육의 기쁨도 잠시 당신의 애잔함에 흐르는 아픔이여

이별 순간 그대로 멈추어 버린 세월이여!
당신의 눈물에 서럽게 우노라

아! 사랑하는 사람이여
부르고 또 불러도 시원하지 않는 혈육이여
차마 슬퍼 볼 수 없구려.
아! 통일이여 어서 와라

봄에 핀 묵향

菊亭 최 옥 순

넉넉한 솔바람 향기로 마음을 닦는다.
하나 둘 이어지는 인연 안에서
만남과 헤어짐 어찌 말로 다 말할 수 있으리오.
보고 싶다고 다 만나는 것도 아니요
밉다고 해서 다 헤어지는 것도 아니요
오가는 인연 솔바람에 섞여 마음을 연습한다.
청정한 기운이 감도는 봄날에
햇빛으로 그린 꿈 뜻으로 세워
새벽을 실어 나르며 밝은 지혜를 찾아
푸른 소나무 가지에 금색 흰색 광명을 내려놓으니
묵향은 말없이 영혼의 날개가 되어
봄빛을 휘감아 거침없이 다가오네.

겨울 바닷가에서

菊亭 최 옥 순

하늘은 바다를 원망하지 않고
바다는 하늘을 바라만 봐도 좋다

모래알처럼 수많은 사연들!
밤하늘 별빛 아래 일렁이는 물결은
잔잔한 소나타 음악 소리를 토해 낸다

거친 세파에 힘든 일
내가 바다가 되어 삼켜 버린다.

출렁이는 생명선
그냥 내 곁에 말없이
양어깨 찬바람을 감싸주며
행복의 나룻배로 저어 간다

싱그러움은 나의 사랑입니다

菊亭 최 옥 순

풀빛에서
새로운 힘을 얻고
당신을 향한 마음 변함이 없습니다.

그윽한 매화향기 머문 곳에
당신의 사랑이 숨어 있기 때문입니다

연둣빛 가슴에 안고
있는 듯 없는 듯 무지개 색으로 다가오는
당신의 입김에
샘물의 두레박이 되어 사랑의 물을 흘려보냅니다.

꾀꼬리 목소리로
고난의 승화에 거룩한 옷을 입고
영원히 내 곁에 있을 당신입니다

마음은 물이 되어 흐른다

菊亭 최 옥 순

시간이 지나면 잊혀지는 것을
어찌 미워하며 애달파 하리오.
파도처럼 밀려왔다가 물거품처럼
사그라지는 것을
마음은 물이 되어 멀리 흘러간다.
새벽안개
태양을 가려도
이글거리는 태양은
멈추지 않고 떠는 것을
저 멀리서
고독 외로움 슬픔은
마음의 물이 되어 흘러 내려간다.

봄은 어디쯤!

菊亭 최 옥 순

하늘이 열리고
땅이 열리는 날 그날을
벌써 마음은 봄을 기다리듯
깊은 산 계곡 바람 소리에 묻고 있다
봄이 오는 소리에 놀라
허둥대며 치맛자락 감아올려
논밭에 지렁이 청개구리 잠을 깨워
아지랑이 피어나는 길목에
진흙 속에 뒹굴며
고무신 안에 미꾸라지 잡아
해맑은 웃음소리로
봄 처녀 노랫가락에 행복을 실어 나르는
당신의 봄이 되고 싶다

빨간 쓰레기통

菊亭 최 옥 순

세상 학과에서 배운 인생
버릴 것이 있다면
몽땅 쓰레기통에 버려라

바다 학과에서 얻은 삶
싫어하는 것 좋아하는 것
사랑하는 것 노폐물이라도 버려라

하늘 학과에서 자유를 찾아
거침없는 날갯짓에 새 힘을 얻어
당신의 길 열어 가리

눈빛에 담겨진 이야기

菊亭 최 옥 순

무슨 생각을 할까
눈과 눈 오가는 순간
말로 대신 할 수 없는 눈빛에서
오늘도
그대의 건강을 검사하며
시월의 마지막 날에
살며시 잡아 본 손
거칠고 얇은 피부
무엇을 말하는지
그대의 눈빛은
영롱한 영혼이어라

연둣빛

菊亭 최 옥 순

고요한 아침에
부르는 소리
봄빛이다

죽은 듯 숨죽인
앙상한 가지에
연둣빛 잉태로다

새 가방 메고
여린 빛
입학 날 따라 나신다

새 꿈을 꾸며
나선 배움터
즐거움이 되어라

나뭇잎이 된 당신

菊亭 최 옥 순

그립고 그립던 날에
당신을 보내지 않았는데

서서히 당신은
멋진 모습으로 변하여

보고 있는 자
보지 못한 자

누추한 말
어리석은 말에서 벗어나

겨울 사랑 당신에서
기약없는 약속만 남겨두고 있습니다.

사람의 길
하늘의 길에서

영원히 함께할 당신 옆에서
빗물에 젖은 낙엽처럼
아득한 그리움으로 남은 당신입니다

혜우 서경옥

(시인)

문학에의 시 공간은 여전히 열려 있는 시인

사람들마다 일상생활은 모두 다르지만, 가장 소중한 시간을 할해하면서 발로 뛰는 시인이 있다면, 나는 여기 '혜우 서경옥' 시인을 가리키고 싶다.

정말 요즈음은 시를 쓸 시간조차 없이 사회인들과 밀접한 관계를 가지고 움직인다. 그런데 그렇게 바쁜데도 불구하고 '혜우 시인'은 이번 호에 참여하면서 좋은 시를 발표하게 됐음으로 나는 여간 흐뭇했던 것이 아니다.

충남 여성단체협의회장 등, 여러 단체장을 겸하고 있어서 잠잘 틈도 없겠지만, 그래도 문학에 대한 사랑은 그만큼 대단했던 것이다.

현재 한내문학 감사로 일하는 '혜우 시인'은 시적 소재는 자연과 고향에의 그리움으로 하여 〈문학에의 시 공간은 언제나 열려 있는 시인〉으로 인정받고 있으며, 어디를 가도 의롭게 처신하는 시인이다.

> 詩 一部 〈옛집의 향수 = 벽에 걸려 있는 흑백사진/ 토방마루 맷돌마저/ 뒤뜰에 묵묵히 지키고 있는 절구통// 향수를 뒷마루 함지박에 담겨두고/ 그리움과 아련함으로/ 이젠 그 추억은 영영 남아 있으리〉

시어 하나하나가 어쩜 그리도 절절하단 말인가. 위 시를 보면서 우리는 산골에서의 잊혀져 가는 추억과, 고향의 그리움으로 젖어든다. 잔잔한 향수와, 어린 시절이 주마등처럼 펼쳐지면서.

자연감각으로 시를 창작해 내는 '혜우 시인'은 이처럼 사물에 대한 인식을 소탈한 서정으로 새롭게 전개할 줄 아는 재주를 가지고 있다.

그것은 오로지 '혜우 시인'만이 가지고 있는, 시인의 절실한 창작기법이며, 조용하게 노래하는 시인의 특기였다. 〈발행인 병철 최양희〉

- 호 : 혜우
- 보령시 여성단체협의회 회장 역임
- 사단법인 대한어머니회 보령시지회 회장 역임
- 사단법인 대한어머니회 충남연합회 회장
- 충남 여성단체협의 회장
- 사단법인 한내문학 시 등단 신인상 수상
- 한내문학 13인의 동인시집: “성주산 울림” 4, 5호 동인
- 사단법인 한내문학 감사

들꽃

혜우 서 경 옥

자연의 무지 앞에
새로운 새싹을 위해
다소곳이 피어나는 들꽃

봉우리 미소 가득
꽃잎 연지곤지 바르고
아~ 이뻐라

그리움에 핀 들꽃
나를 향해 손짓하는
행복의 씨앗 당신이라네

옛집의 향수

혜우 서 경 옥

한때는 대가족 웃음이 담장 밖을 넘고
시어머니 시집살이 고달프다 하던 곳
어디에선가 아련히 들려오네

벽에 걸려 있는 흑백사진
토방마루 맷돌마저
뒤뜰에 묵묵히 지키고 있는 절구통

향수를 뒷마루 함지박에 담겨두고
그리움과 아련함으로
이젠 그 추억은 영영 남아 있으리

봄의 향기

혜우 서 경 옥

살갗 시리도록
추운 계절 지나며

봄기운 찾아와
먼 여행 떠나는데

겨우내 두꺼운
낙엽을 제치고

쑥 냉이 파릇파릇
코 끝을 자극하며

마음의 희망처럼
입맛 당기는 씀바귀

봄 향기에 흠뻑 빠져
사랑의 엽서 한 장 띄우네

추억들

혜우 서 경 옥

마당에 멍석 깔고 누운
긴긴 여름밤의 추억

쑥 풀로 모깃불 피워
매운 연기로 모기 쫓으며

내 별인 양 세고 또 세보며
하늘에 북두칠성 자랑하는

그대와 추억의 밤은 그렇게
세월 앞에 한 자씩 지워가고 있네

아버님

혜우 서 경 옥

감색 양복에 하얀 와이셔츠
머리카락마저도 흐트러짐 없는
완벽하고 신사이신 우리 아버님

유난히도 며느리 사랑 많아
빵 봉지에 붉은 립스틱 넣어
몰래 숨겨 주셨던 우리 아버님

겨울 김장김치 무 씻을 때
예쁜 손 상할까 봐 걱정하시고
밥상 편에 며느리가 앉아야 한다며
밥 수저 생선 놓아주시던 우리 아버님

눈 뜨면 언제나 즐거운 마음으로
손주들 안겨줬다고 자랑하며
동네방네 술 사셨던 우리 아버님
얼굴에 까만 기미 끼었다고 안쓰러워
새 아가 미안하다고 하시던 우리 아버님

손주들 아장아장 걸음마 배울 때
집안에서는 항시 가치발 들고 걸으라시며
손발도 꼭 씻으라고 타이르시던 우리 아버님

그 시절엔
시집살이 시키는 시부모들이 많았지만
그러지 않으셨던 그런 아버님 존경합니다

방생

혜우 서 경 옥

아침안개 모락모락 피어오르는
보령댐 경치가 유난히도 보기 좋은 날
버스는 법복을 입은 보살들을 싣고
웃으며 출발한다

소중한 생명들이 아차하면
돌아오지 못할 곳으로 떠날 것을
방생의 순간 다시 살아나는
생명의 소중함 그 자체였다

스님의 염불소리에
정성이 한데 모여지는 보살님들
발원하며 참회하는 우리 마음을 아는지

미꾸라지와 가물치들 모두
인사라도 하듯 머리 내밀고
살랑 살랑 꼬리 저으며
깊은 물속으로 사라져 간다

비움이라 하였던가

혜우 서 경 옥

나의 양심의 소리가 일어나고
나의 내면의 소리가 들려오니

힘들다 한풀이 풀어놓고
힘겨운 인생보따리 지고 가니

내 마음속에 또아리 틀고 있는
욕망들의 덩어리를 던져버리는

나눔도 베품도 자유도 가볍게
하늘 향기 훨훨 날아가려는

아름다운 인생 비움이라 하였던가~~

마음의 바다

혜우 서 경 옥

마음을 사로잡는 바닷가
마음을 일렁이는 파도소리
마음을 풀 수 있는 모래사장

마음 들어 줄 수 있는
갈매기가 있기에
나는 오늘도 바닷가를 거닌다

바다에 비치는 햇살
수천수만 개의 색채가
세상을 비치고 있다

마음의 사랑을 담은 그릇
근심 걱정 휘몰아치는 거센 파도
그 빛을 바라보며 나는 소원을 빈다
갑오년에는 모든 사람들과
망망대해 바다의 용왕님께
걸림 없이 살아주길 기원하며

기차 여행 떠나며

혜우 서 경 옥

추억을 그리며
차창 밖의 이슬처럼
수많은 사연을 담은 사람들

설렘 마음속의 부푼 만큼이나
그려지는 수채화의 물감에
추억의 풍경처럼
영상으로 스쳐 지나가는
아름다운 것이 소중한 만남이라면
갈무리하는 마음 그리려 하네

그대 사랑입니다
그대 향기입니다

딸기밭의 하루

혜우 서 경 옥

온실 속의 온기만큼이나
농부의 마음은 열정으로
일구어낸 딸기 형제자매들

바쁘기만 한 꿀벌들의 날갯짓
딸기꽃의 입맞춤으로
농부의 흥얼거림의 웃음이

사랑의 열매 가슴에 담아
마음의 부자 마음의 정이
담뿍 오고 가네

기도

혜우 서 경 옥

이른 새벽
청정한 마음 담아
정갈하게 찾아가는 길

마곡사의 부처님
자비광명 소원 담아
염불 공양 합장 하는데

매화향기 솔솔
충청고을에 가득 퍼지니
내 마음 한결 가벼워지네

남병근

(시인)

대한의 횃불을 높이 받쳐 드는 진정한 시인

이번에 출현한 동인들 모두 특출한 사람들로서, 이 사회에 한 획을 크게 긋고 나가는 인물들이지만, 이번 호에서 나는 〈대한의 횃불을 높이 받쳐 드는 진정한 시인〉을 모시게 되어 매우 자랑스럽다.

타고난 사주는 못 속인다고! '남병근 시인'이 보령 경찰서장으로 부임하면서부터 그는 시인의 끼를 발휘하게 됐다. 그리하여 시인으로서 보폭을 넓혀가다가, 평택경찰서, 영등포경찰서, 원미경찰서장으로, 국가안보의 치안핵심 요직에서 눈코 뜰 새 없는 시간에 쫓기지만, 그래도 '남병근 시인'은 어느 곳을 가더라도, 자신이 꿈꿔오던 시 창작에는 남다른 성의를 보이고 있다. 이 얼마나 보람 있고 자랑스러운 일인가?

'남 시인'은 평소 하고 싶었던 시를 지으면서 각 문학지에 발표했다. 그리고 근무처에서는 동아리 문학반을 만들어 시낭송과 문학토론으로, 문학계에 새론 바람을 일으키는, 그야말로 '남 시인'은 시인의 화려한 활동으로 하여, 많은 문학상 수상과 수많은 업적으로 남겼다.

> 詩 全文 〈엄마(1) = 이 세상 최고 바보/ 엄마// 늘 나에게 속고는 웃을 뿐이다/ 한 번을 속이면 열 번을 속는 울 엄마// 내 앞에선 항상 미소 지었지만/ 어두운 부엌에선 소리없이/ 울었던 엄마// 파르르 감겨진 눈가에 이슬 머금고/ 말없이 하늘로 떠난/ 내 엄마〉

나는 위 '엄마'라는 시를 읽으면서 얼마나 눈시울이 뜨거웠던지, 다시금 돌아가신 어머니 생각에 한동안 울먹였는데, 이렇듯 작가는 원래 상대를 울리고 웃기며 달래고 놀라게 하는 재주가 있어야 진짜배기 시인인 것이다.

〈발행인 병철 최양희〉

- 충남대학교 법과대학 법학과 卒
- 충남대 대학원 법학과 박사과정 졸업(法學박사)
- '09. 7 충남 보령경찰서장
- '11. 1 경기 평택경찰서장
- '11. 12 서울지방경찰청 보안2과장
- '13. 4 서울 영등포경찰서장
- '14. 1~ 경기 부천원미경찰서 초대 경무관 서장 재직 중 청람대상(경찰대학 최우수 교수), 경찰청장, 장관표창(치안성과우수), 대통령, 국무총리 표창(경찰발전 유공), 녹조근정훈장, 대통령 단체표창(성과평가 우수)
- 2013 경찰청 고객감동치안 전국대상, 2013 위대한 한국인 대상 등 30여 회 수상
- 2012년 국정원평가, 국가안보수사 우수기관 수상(서울청 보안2과장)
- 2013년 경찰청 2013년도 고객만족 감동치안 Festival "순찰실명제- 포돌이 톡톡" 전국 대상 수상, 서울청 4대악 근절 경진대회 최우수상 수상, 서울청 2013년도 치안종합성과평가 1위(영등포경찰서장), 위대한 한국인 대상(대한민국 신문기자 협회)
- 문예사조 시등단 신인상 수상, 문예춘추 시부문 대상 수상
- 한내문학 자문위원, 한국문인협회 회원, 문예춘추 자문위원, 영등포 문화포럼 명예회장

가을이면 생각나는 사람

남 병 근

우린
빨간 단풍잎을 주워
좁은 개울에 고사리 손으로 가랑잎 배를 띄웠고
작은 돌멩이 사이를 요리조리 피해가던
그 단풍잎은 이내 바위에 막혀 멈추곤 했었지

우린
깊어가는 가을 길에 수북이 쌓인 노란
은행잎에 햇빛을 담아 우리의 추억을
서로의 얼굴에 비춰보기도 했어

우린
가슴속에 숨긴 쑥스런 이야기들을
천진한 웃음으로 대신하기도 했고
깊어가는 가을을 아쉬워하며
된서리에 하얗게 덮인 가을 들판을 바라보며
알 수 없는 미래를 함께 걱정하며
한편 둘만의 설레임으로 가슴을 두근거리기도 했지

그리고 우린
긴 세월을 각기 다른 하늘 아래서
저마다의 색깔로 그 가을을 보내왔던 거야

이제 많은 세월의 물감으로 희끗해진 머리칼을 날리며
또다시 찾아온 시월의 끝에서
빛바랜 노란 은행잎을
지독한 쓸쓸함으로 바라보고 서 있네

가을이면 생각나는 그대
시월이면 그리운 그대여
당신은 지금 어느 가을 하늘 아래서

노랗게 물들어 가고 있는 나를 그리워하고 있는가

가을 사슴

남 병 근

가을 창밖에
별들이 반짝입니다

그 많은 별 중에
날 보며 미소 짓는 사슴 별 하나

그러나 내 눈 멀어
사슴은 광야를 헤매고

막막해진 그 별은
뚝뚝 눈물을 떨굽니다

길 잃은 한 마리 가을 사슴이
긴 목을 허공에 이리저리 흔들며

달님 곁을
스쳐 지나갑니다

국립호텔 가는 길

남 병 근

누구나 그저
하루 밥 세끼

잘 났어도 못 났어도
돈 좀 있어도
그저 하루 밥 세끼

그런데
자리 좀 높다고
뭣 좀 있다고 엔병!

그러다
결국엔
국립호텔 행……

된박 팔자

남 병 근

침묵의 밭은 순순히 씨를 받아들인다
참외 심으면 참외 밭
수박 심으면 수박 밭

때론
풀밭도 되고 꽃밭도 되어
뿌리는 대로 순응한다

그러나
민들레홀씨는 자유인이다

산으로 들판으로
장미 백합 라일락도 모자라
또 다른 아카시아 꽃을 찾아 노닌다

그러다 제멋대로
여기저기 밭에 씨를 뿌린다
버려진 밭은 속수무책
그저 된박 팔자만 탓하며 마냥 울고 있다

바보

남 병 근

넌,
늘
주고도
얻어맞고

그렇게
맞고도 또 주고……

그래도
잔잔한 호수처럼
항상 미소 짓는다

그런 너를 내려보며
하늘도
빙긋이 웃고 있다

비룡폭포

남 병 근

은빛 용의 칼로
검은 바위를 가르며

멈추지 않고
동해로 달린다

큰 돌이 막아서면
작은 돌 애무하며 휘감아 돌고

눈비를 맞으며
해와 달을 벗 삼아

낮은 곳으로
더 낮은 곳으로
천년세월을 안고 묵묵히 흘러간다

삐용 삐용 인생

남 병 근

눈길
빗길
진흙탕길
가리지 않고 달린다

넌
밤 낮,
봄 겨울 가리지 않고
달려야만 하는 센 팔자

바퀴 빼기 튕겨나도록
남들 십 년 몫을 일 년에 달린다

그리고
남의 인생 삼분의 일밖에 살지 못하고
단 삼년청춘에

장송곡 울리며
폐차장으로 사라진다.

사랑

남 병 근

하늘과 땅이 서로 사랑하여
하늘은 땅에 향기로운 꽃을 피웠고
땅은 하늘에 반짝이는 별을 선사했다

하늘과 땅이 사랑하여
꽃과 별을 낳았으니
우리도 함께 사랑하며
고운 사랑별, 예쁜 사랑 꽃을 낳아보자

엄마 (1)

남 병 근

이 세상 최고 바보
엄마

늘 나에게 속고는 웃을 뿐이다
한 번을 속이면 열 번을 속는 울 엄마

내 앞에선 항상 미소 지었지만
어두운 부엌에선 소리없이
울었던 엄마

파르르 감겨진 눈가에 이슬 머금고
말없이 하늘로 떠난
내 엄마

엄마 (2)

남 병 근

당신의 얼굴 사무치게 보고 싶어
가만히 눈 감아 봅니다

당신의 그 목소리 마냥 그리워
내 귀 꼬옥~ 막아 봅니다

당신의 숨결 내 가슴에 담고파
잠시 숨 멎고 먼 하늘 바라봅니다

비 오나 눈 오나
추운 겨울이나 더운 여름에도

당신은
따스한 사랑으로
저를 지켜 주셨습니다

포돌이 톡톡

남 병 근

저는
2013년 5월 16일 출생,
고향은 영등포

비가 오나 눈이 오나
골목길 주민 곁을 찾아갑니다

때론 이름 모를 대문에 매달려
못된 도둑놈을 째려 보기로 하는데

새벽잠 깬 낯선 집주인은 밤새워 지켜준 나의
얼굴을 쓰다듬어 주기도 하나
때론 쓰레기통에 휙 처박기도 합니다

그러나 정성으로 뭉친 포돌이 톡톡이는 대박을 쳤습니다
영등포에서 출발하여 대전 부산 찍고 제주까지

전국 방방곡곡에
장가보낸 자식들만 수만 명입니다

포돌이 톡톡아 고맙다
너 자식 많이 많이 낳고 더욱 잘 살거라
삼천리강산 하늘가득에 태평가가 메아리치도록

* 포돌이 톡톡(Podori-Talk Talk)-2013 경찰청 고객감동치안 Festival 에서 전국 대상을 수상한 순찰실명제 순찰카드 이름(영등포 서장시)

이연순

(시인)

한내문학을 발판으로 한국이 낳은 여류시인

시를 겸비해서 풍류도 즐길 줄 아는 사람을 추천하라면, 나는 한내문학 부회장으로 활동 중인 '이연순 시인'을 서슴없이 내세울 것이다. 왜냐면, 지역 사람들의 기억 속에는 '보령의 팔방미인'으로 이미 소문났기 때문이다.

'이연순 시인'은 가정과 어느 단체에서도 우선 순위로 매겨졌지만, 그보다도 한내문학단체 회원들의 중추적 핵심리더로 일하는 모습과 또 어느 단체든 인기 좋은 팔방미인이기에 더욱 그렇다.

언젠가 '이연순 시인'께서 "모든 것 다 잘하고 싶은데, 담배 한 가지만 못한다."고, 쑥스럽게 웃고 있었던 것이 기억난다. 그만큼 다방면으로 다 잘하고 싶어 하는 "이연순 시인"이 시를 처음 시작할 때 "저도 시인이 될 수 있을까요?" 하고 반문한 적이 있었다. 나는 처음 봤을 때부터 '이연순 시인'은 모습 자체가 꼭 시인 닮은 것을 알았다. 시인은 하늘이 점지한다고! 꼭 시인 닮은 여인이 이젠 그 모습 그대로 〈한내문학을 발판으로 한국이 낳은 여류시인〉이라는 금배지를 달고 있지 않는가?

詩 一部 〈오솔길 = 세상에서 가장 편한/ 하늘을 바라보며/ 두 팔을 펼치고// 좌우로 바람을 느낀다// 솔바람 꽃내음/ 딱따구리/ 소리부엉이/ 산사의 은은한/ 종소리는 고요한/ 향수를 전한다.// 그 무엇도 필요하지 않은/ 오솔길 따라〉

이 시는 자연 그대로 노래했다. 자신과 내재된 적합성으로 구성한 오솔길이란 시는 정말 손색없는 시로써 갈채를 받아 마땅하다. 그러니까 소재 자체가 산골의 풍경인데 도란거리는 시냇물처럼 정겨운 시어배열 구상이, 시인의 품격을 높여주고 있다. 〈발행인 병철 최양희〉

- 한내문학 시 등단, 신인상 수상
- 방범여성대장
- 오천면 생활개선회 회장
- 한내문학 14인의 동인시집 "성주산 울림" 제5 호 동인
- 사단법인 한내문학 부회장

메 리

이 연 순

언덕에 올라 소리를 냈어
메아리 들려오는 소리는
크게 소리 지른 내 목소리

어릴 적 그리도 큰
이 넓은 들판에 40년 지난
세월에는 왜 이리도
작단 말인가

암소는 옆 송아지를 두고
푸른 새싹을 뜯으며
큰 눈을 음메음메 부른다

산새 소리
뻐꾸기 소리
오서산이 보이고 바다가
보이던 작은 시골마을

아버지가 부르던
메아리 소리
들려오던 들판에서
봄이 오는 소리

따스한 커피 한 잔

이 연 순

그대가 전해 주는
따스한 커피 한 잔
오늘따라 내 가슴에
뜨겁게 와 닿는다

커피의 향기 그대와 같고
세상을 얻은 듯
그 향기 또한
내 마음에 스며드네……

봄이 오는 소리

이 연 순

산새의 맑은 울음소리
우물가의 통통 여문 박꽃나무
바람은 겨울 찬바람
햇살은 봄이고 싶어
처마의 고드름 녹아내리네

성큼성큼 다가오며
연둣빛 연한 잎을 내밀며
엄마 품에서 나가듯
그리 두려운 봄기운

나는
봄의 오는 소리를 귀 기울여
다가서 본다

산새소리 따라 오솔길
저만큼 꽃이 피었다

여름의 강가

이 연 순

석양빛 물들 때
한들한들 나뭇잎 춤추며
하얀 무궁화 꽃 핀 자락에
만수의 강가를 내려다 본다

무엇에 지쳐
그대 이름 불러보며
커피 한 잔 목축인다

개미 떼 먹이사냥 긴 줄 이어가고
만수의 강에 푹 빠져
구슬땀 식은 줄 모르고
하염없이 인생 꽃 피운다

황새의 하얀 날갯짓
석양빛 물들 무렵
여름의 강가

오솔길

이 연 순

세상에서 가장 편한
하늘을 바라보며
두 팔을 펼치고

좌우로 바람을 느낀다

솔바람 꽃내음
딱따구리
소리부엉이
산사의 은은한
종소리는 고요한
향수를 전한다.

그 무엇도 필요하지 않은
오솔길 따라

새 출발

이 연 순

봄이 되었다
소리 없이 와 있다
어느 누가 밀어내는 것도 아닌데
소록소록
나뭇잎이 나오면
비를 맞고
꽃을 피우고
아주 곱게
물들인 한지처럼

울긋불긋
얼굴을 내민다
하늘 아래
그 누가 고울까

진달래꽃 동산

이 연 순

뒷동산 진달래꽃
꽃망울이 터질 듯
이슬 머금고 활짝 웃네

뒷동산 진달래 꽃
소나무 밑 귀퉁이에서
햇빛 보며 활짝 웃고 있네

뒷동산 진달래꽃
봄소식 전한다고
산새 이야기 하네

뒷동산 진달래꽃
봄 처녀 시집가라고
진달래꽃 활짝 피었네

보석나무

이 연 순

땅속 깊숙이 묻혀 있는
보석나무는 지금은 땅 속에서
아름다운 미팅을 하고 있습니다

너무 할 이야기가 많아 긴 겨울이
필요하답니다

싱싱한 봄부터
새싹이 트이는 봄의 이야기

너무 예쁘게 핀 꽃도
터질 듯 싱그러운 열매
보석을 전해 줄 사랑 이야기
거름을 준 사연까지

보석나무 만남은 긴 겨울에
모두 모아 쌓아 둡니다

욕심 많은 개미

이 연 순

일만 하는 개미는 허리를
펼 수가 없네
눈에 보이는 것은 일뿐
하늘에서 비가 오려나
허리도 아프고 바쁘기만 하네

먹을 것은 많은데
먹을 수가 없네,
베짱이는 노래도 잘 하고
까치는 누가 오는지
하늘을 볼 수가 없다

오늘 일할 것은 100가지
바람도 없고 햇볕만 따사롭게
개미 등을 태운다

부지런한 개미는 모두 어디로
무엇을 하러 가는가

외연도의 바람 소리

이 연 순

외연도의 뱃길 따라
깊은 물을 갈라
심장소리 내장의 움직임도
가슴을 확 열리게 하는
외연도의 바람 소리

오랜 세월 속에 동백 꽃 의
붉은 입술 혼자는 모자라
사랑나무의 인연은
죽어서도 사랑하는가
외연도의 바람 소리

깊은 산속의 옹달샘은
다람쥐의 샘물이요
달그림자의 거울이요
여인네의 노래 터이니
외연도의 바람 소리

너희는 옹기종기
고사리 손 참새와 합창
바다 속의 돌 굴러가는 소리는 반주요
내 가슴속 들려오는 것은
외연도의 바람 소리

물안개

이 연 순

촉촉한 비가 내리니
모든 만물이
하늘 바라보며
자신을 키워나가네

산과 계곡이 있고
물이 있음은
그만한 여유가 있음이니
서로 사랑할 수 있는 것이네.

물안개 피어오르는 것도
사랑의 원천이요.
하루를 100년 삼아
사랑받기를 기다린다네.

오치인

(시인)

인물 좋은 호인이 애기꽃을 정성스레 가꾸는 시인

사람들이 시인으로 태어난다면, 일생을 세 번 태어난다고 한다.

시인으로 태어나는 사람은 특별한 사람이다. 그러니까 세 번씩이나 태어난 '오치인 시인' 가리켜 이런 말을 인용한 것이다.

'오치인 시인'은 정말 특별한 시인이다.

사업가로 사회복지가로, 민통으로, 교회장로로, 바쁘게 살면서, 하늘을 우러러 한 점 부끄럼 없이, 사회에 많은 덕을 베풀고 사는 시인이다. '오 시인'은 정말 누구보다도 고단한 삶을 살아가는 것이 아닐까 하고 생각해본 적이 있지만 '오 시인'은 이 사회가 원하는 일들을 헌신적으로 앞장서서 일하는 시인으로 만족하고 있었다.

인, 의, 정을 중히 여기면서, 학창 시절부터 시를 썼다는데, 지금은 바다가 보이는 〈해망산〉을 바라보며, 텃밭에 채소와 꽃을 가꾸면서 창작하고 있는 시인이다.

외견상 훤칠한 모습을 보면서 '저런 분이 어떻게 소년 같은 시를 쓸 수 있을까?' 하고, 생각해본 것처럼 〈인물 좋은 호인이 애기꽃을 정성스레 가꾸는 시인〉이다.

詩 一部 〈나의 보물 = 나물바구니에 봄 언덕 오르는/ 아낙네들의 정겨운 수다 소리에/ 쑥스러운 민들레 살짝 고개 내미네// 무사히 겨울을 이겨낸 새싹들/ 봄의 들판에서 솟아나는 나의 보물들〉

시를 보면서 느낀 것인데, 시심이 아기자기한 구석이 있고, 또 소탈하기 그지없다. 남다른 시상이지만, 주어진 소재가 자연과 그의 인생관이 깊은 연계성을 띠고 있는 게 시인의 장점이다. 지금 '오 시인'은 문학계에 새로운 별로 막 부상하는 중이다. 〈발행인 병철 최양희〉

- 민주평화통일 자문협의회장
- 보령경찰서 경찰발전 위원장
- 보령시 체육회 부회장
- 보령시 주민자치 협의회장
- 보령시 사회복지 협의체회장
- 보령시 사회복지 협의회장
- (사) 한내문학 시 등단 신인상 수상
- (사) 한국문인협회 회원
- (사) 한내문학 자문위원

동백처럼 푸르리

오 치 인

창문 밖 정원을 본다
모진 시련과 고뇌 속에서도 겨울바람을 이겨내고
금새라도 터질 듯한 붉은 봉오리 동백은
아직도 새싹이 나지 않은 창문 밖 정원을 붉게 물들인다

지난 세월이 아쉽지 않다
그러나 그립기는 하다
동백은 낙화일 뿐 시들지 않기 때문에

눈물처럼 떨어지는 꽃
가장 아름다울 때 가지를 놓아버리는 꽃
지나고 난 뒤에도 오래도록
우리들의 마음을 애타게 하는 꽃
자기 빛깔처럼 강렬하게 살다가
미련 없이 없어지는 꽃

춘풍에 들뜬 꽃들과
사람들이 부산을 떠는 이때에도
동백은 나의 친구인
나와 함께 묵묵히 정원을 지킨다

봄의 첫 번째 일기

오 치 인

깊은 골짜기 돌 틈사이로 개굴개굴
흐르는 음악에 맞추어 노래 부른다

하늘도 파랗게 바뀌어 놓고
계절도 따뜻이 안기는구나

얼었던 대지도 기지개 켜고
쑥 냉이 서로 나오겠다 다툼할 때

낯익은 새 한 마리 머리 위에 지저귀며
봄이 왔음을 알리는구나

앙상하던 가지가지마다 하얀 눈망울 터트리고
새순의 생명이 가지마다 꿈틀댈 때에

기적같이 봄이 왔음을 알리고
꽃피는 봄을 맞이하니 나는 행복하구나

역동(봄)

오 치 인

고요히 눈이 녹길 기다렸다
흙의 가슴이 따뜻해지기를 기다렸다

살랑살랑 따스한 봄바람이 나를 붙잡고
힘차게 솟아오르는 생명들의 소리에
눈이 화려해진다

터질 듯한 목련꽃 항아리 보며
풀잎은 풀잎대로
꽃잎은 꽃잎대로

오늘도 햇살은 구김살 없이
축복받는 봄을 만든다

나의 보물

오 치 인

눈부시게 푸르른 들녘
밭두렁 아지랑이에서 봄을 만나네

농부보다 먼저 봄을 알아챈
산수유 꽃과 개울가의 버들강아지
따스한 바람이 잰걸음하고
봄 향기가 저만치서 봄 마을 가자 하네

봄볕이 반가운 어느 오후
모이 쪼는 닭들 새 생명을 품고

나물바구니에 봄 언덕 오르는
아낙네들의 정겨운 수다소리에
쑥스러운 민들레 살짝 고개 내미네

무사히 겨울을 이겨낸 새싹들
봄의 들판에서 솟아나는 나의 보물들

아내

오 치 인

흐르고 있는 개울가의 물도 얼음 되어
제자리에 서 있는
강한 추위가 세상에 내려앉았습니다

위세를 부리듯 세찬 바람이 일고
음산한 소리로 겁을 주듯 창문을 흔들며
새하얀 겨울눈이 온 세상을 덮었습니다

아무리 강한 추위
무거운 눈이 온 세상을 덮어도

나는 아내의 사랑이 있어
얼지도, 무겁지도, 흔들리지도 않습니다

행복의 시

오 치 인

아침 햇살이
무거운 나의 눈을 움직이는 날

하룻밤 사이 활짝 웃는 하늘이 고맙고
그 하늘 아래 살포시 고개를 드는
연둣빛 새싹이 어여쁜데

언덕 위 하얀 집
나를 보며 반기는 동물들
유독 나의 손길을 기다리는 그들이 있어

오늘도 난 수듬진 두 손으로
그들을 어루만지며
시를 지을 수 있음에 나는 행복하네

추억의 5일장

오 치 인

고소한 미숫가루 냄새 풍기는 변함없는 방앗간
대천장의 5일장의 산 역사네

없는 것 없고 다 있다는 5일장
인심하면 딱이요!
소박함은 절로 모두에 마음이 넉넉하네

여름 내내 정성껏 말려 팔러 나온
고추꼭지 따고 있는 어머니!
홍시감을 대롱대롱 매달아 놓은 배시감 할배!

파는 사람도 사는 사람도 정이 쌓이는 대천 5일장
봉지 가득가득 인심이 넘실넘실

뜨끈한 어묵 한 줄기 빼어먹고
김가루 솔솔 뿌린 가락국수 한 그릇에
세상에 부러울 것이 있으랴~

비릿한 생선냄새 어우러진 인간들의 냄새
추억과 현실이 함께 풍기는
대천 5일장 나는 좋더라

해망산

오 치 인

바닷바람 코끝을 적시며
작은 솔밭 길을 거닐면
언덕 위의 벚꽃에 취해 보고
백구랑 꼬꼬닭을 벗 삼아 친구 되는
나의 보금자리 해망산

솔 향에 취해
잠시 휴식에 잠겨 보니
어느 샌가 내 손에는
작은 호미랑 낫을 들고
텃밭에 앉아 있는데

시큰둥 듣는 둥 마는 둥
저 멀리서 울던 뻐꾹새 울음도
오늘은 왠지 마음이 편하네

북적대는 그곳에선 느낄 수 없던
흙냄새 풍기며
쌉싸름한 두릅과 머위나물
봄의 향기에 취할 수 있는
나의 보금자리는 해망산

* 해망산 : 대천바닷가를 바라보고 있는 산

세상살이

오 치 인

세상이 힘에 부대껴 힘들다 느껴질 때는
갈대가 되어 보라

세상에 아무런 연민도 없고 미련도 없는 것처럼
바람에 몸을 맡겨 흔들어 대는구나

세상 사는 법을 아는 듯
그 일렁이는 바람의 장단에 몸을 움직여 춤을 추는구나

어느새 부러지지 않게 살아가는 법을 배운 것이라면
세상을 뒤흔들 듯 그렇게 큰 몸짓을 할지라도
너를 방해하거나 손가락질 하지 않을 테니

또다시 세찬 바람 불어오거든
미친 듯이 광란의 춤을 춰 갈대처럼 살아가 보라

가을 사랑

오 치 인

푸른 가을 하늘 속으로 스미는
검게 그을린 얼굴
햇살이 좋아 살짝 찡그리며

설레는 마음으로
사랑스런 가족들을
맞이하러 길을 나선다.

먼발치 진하게 전해 오는
보랏빛 향기가
나의 마음을 움직이고
붉은 향기가
나의 코끝을 건들일 때

그들을 사랑하는 내 마음은
따뜻한 가을 햇살을
한 아름 끌어안은 넉넉한 마음이다.

이런 게 행복이겠지……

어부의 노래

오 치 인

육지보다 빠른 바다 위의 시간
노다지 땅이라 부르는 황금어장

대문 열고 나서면 넓디넓은 갯벌은
모두 내 것인 양, 갯벌에 살아 숨쉬는
생명의 소리가 정겹다

만선을 기대하고 나선 어부의 출항
기다림의 시간은 길기만 하다

긴 기다림이 끝나고 그물을 걷어 올리는
어부의 초조함이 잠시 침묵을 지킨다

어부는 노래한다
바다가 키운 것 모두
못나고 잘난 것 없이 똑같은 황금이라고

출렁이는 검푸른 물결사이로
어부의 입가에 유행가자락 흘러나오고
새벽은 어느새 어부를 향해 밝아오고 있다

신현숙
(시인)

타고난 시심으로 진솔하게 풀어내는 여류시인

이번 제6호의 주인공, 신현숙 시인의 시를 만나면서, 나는 지난 '동인 시집' 역사를 들춰 봤는데, 신현숙 시인은 2010년 한내문학 〈계간 제21호〉 6월에 시 부문으로 신인상을 받고, 그 후, 8월에 본 성주산 울림 동인으로 시작하여, 지금까지 한 번도 거르지 않고 좋은 시를 발표해 왔다. 그러다 보니 전국 각지에 널리 알려지면서 훌륭한 여류시인이라는 위상을 떨치게 되었고, 또 '신현숙 시인' 하면 모르는 사람이 없을 정도로 '신 시인'을 높이 평가하는 말을 몇 번이나 들었다.

얼마 전에도 들은 얘긴데, 내가 잘 아는 중견시인은 "신현숙 시인의 시는 정말 간결하면서도 시 내용은 엄청 넓은 것 같다. 참 대단한 시인이야! 짧게 썼는데도 어떻게 커 보일까?" 하고 부러운 듯 말을 이었다.

시라는 특성이 바로 그거다. '신현숙 시인'의 시만 가지고 말하는 것이 아니라, 시는 경우에 따라 길고도 짧을 수도 있다는 얘기지만 하여간 시를 간결하게 소화시키는 신현숙 시인의 시 흐름은 〈타고난 시심으로 진솔하게 풀어내는 여류시인〉이다.

詩 一部 〈시대 꽃 현실 = 철없는 꽃들은/ 봄 햇살에 안기어/ 활짝 피었건만// 그 모습은/ 세월을 원망하며/ 묵묵히 한숨 짓네〉

무엇보다도 여기에는 제목 자체부터가 비유였고, 철없는 꽃들도 은유적인 목표의식을 두고 노래했다. 그의 시는 짧고 기발한 시상이 이색적이다. 이미 '신 시인'은 오래전부터 현대 감각에 예리한 시상을 가지고, 아름다운 서정의 메시지를 전달하는 재치가 누구보다도 월등했던 것이다. 그러하기에 '신 시인'의 인기는 지속되고 있는 것이다.

〈발행인 병철 최양희〉

- 보령시 민족통일 여성협의회 회장 역임
- 평화대사 사무차장, 시민경찰감사, 사회복지 6기 회장
- 공주대 산업대 17기 부회장
- 사단법인 한내문학 계간 시등단 신인상 수상.
- 한내문학 13인의 동인시집: "성주산 울림" 제 3, 4, 5호 동인
- 한국문인협회 회원
- 사단법인 한내문학 홍보국장

동행

신 현 숙

당신의
부드러운 손
따뜻한 손길

당신의
고운 눈빛
밝은 미소

당신의
가벼운 발길
부지런한 발걸음

두 손 꼬 옥~ 잡고
활짝 웃으며
함께 미래를 향하여.......

오늘을 보내며

신 현 숙

밝은 불 벗 삼아 순간순간을
되돌려 보며 마무리하다 보니
세상마저 잠든 고요한 이 밤

눈 감으면 다가오는 일들이
아른거려 단잠 못 이루고
시간은 과거를 향하여 가는데

아쉬운 순간
못다 한 수많은 일들

지나온 시간 속에 묻어둔 채
오늘을 보내고 또 하루를 만난다

그리운 내 고향

신 현 숙

우거진 뒷동산에 산새들이 지저귀고
들판엔 농부들 들소와 짝을 지어
논갈이 밭갈이 분주하던 내 고향

먼 바다 갈매기 떼 흥겨운 노랫소리
어둠이 찾아오면 부엉이 울어대던
정다운 산골

아궁이 연기에 눈물 흘리며
까맣게 단장하던 얼굴

방 문고리 식을 새 없고
대문 소리 쉴 새 없었던
그때 그 시절 그리워질 때면
추억에서 살며시 꺼내 본다

낙엽

신 현 숙

풍성했던 그 시절
화려했던 그 순간
시간 속에 묻어버리고

빛바랜 낙엽은
이리 저리 뒹굴다
흔적마저 지워 버리네

눈길 손길 받으며
씩씩하게 자랐건만
기울어가는 세월에 못 이겨
가야만 하는 낙엽인 것을......

삶

신 현 숙

하늘의 길도 아니요
땅의 길도 아닌

허공 속에서 인연을 기다리는
많고 많은 길

오늘도
내일도 기약 없이
만나고 부딪히며 가는 길

할 일도
해야 할 일도 많은데

가는 세월 장단 맞추며
달려가는 우리의 삶

과실나무

신 현 숙

세월 먹으며
성숙한 알맹이

잘 다듬어
어디론가 보내 놓고

허무하게 서 있는
쓸쓸한 과실나무

냉정한 바람결에
이리 흔들 저리 흔들

가을바람

신 현 숙

성큼 다가온 싸늘한 바람
이 마음 휘저어 놓으니

텅 빈 가슴 외로움 가득
지그시 눈을 감고 있노라면

지난날의 추억들이 다가와
눈가에 아른~ 아른~

즐거웠던 그때 그 시절
행복했던 순간들

가을바람 타고 날아와
온몸을 휘감아 주네요

풍경소리

신 현 숙

적막한 깊은 산속
문턱에 들어설 때
맑고 밝은 풍경소리

준비된 곡도 없이
울리는 그 소리

옛님 내음 피워
가슴 깊이 파고드니
그리움 사무치네

시대 꽃 현실

신 현 숙

커다란 공간 속에
이 바람 저 바람
여기 저기 불어오니

부서지고
떨어지고
터지는 소리

철없는 꽃들은
봄 햇살에 안기어
활짝 피었건만

그 모습은
세월을 원망하며
묵묵히 한숨 짓네

큰 배

신 현 숙

지구는
잔잔히 떠 있는
우리들의 큰 배

가끔
거친 파도를 만나면
출~렁 출~렁

파도를 일게 하는 것은
바람이요

바람을 피할 수 있는 이는
너와 나!

평화의 큰 배를
항해하는 것은
바로 우리

농부아저씨

신 현 숙

따끈따끈 태양빛에
수놓은 황금벌판

무수히 흘린 땀방울
아름다운 열매 되어

톡 톡 벼 여무는 소리
귓전에 들려오니

풍년가 부르며 덩실덩실
춤추는 농부아저씨

병철 **최양희**

(시인)

어머니!

나의 어머니!
부르고 또 불러도 시원찮은 나의 어머니!
아직도 당신 가슴은 식지 않고 따뜻합니다.
그리고 당신 사랑은 아직도 제 가슴에 흐릅니다.

선달 그믐날
느지막이 만나는 어머니

가슴속 통곡은
당신께로 가는 찐한 그리움

그리움에 사무쳐
칼바람에 씻기는 통한의 눈물

나의 어머니…….

그러니까, 바로 10여 년 전 얘기다.

섣달 그믐날, 밤늦은 시간에 취중으로 "어머니"라는 시를 쓰고 나서 나는 "사모곡"이라는 시집을 쓰기로 결심한 다음, 그 다음 해 (처녀시집)을 출간하고 나서, 어머니 무덤 앞에 올렸던, 그 시집 속의 "어머니"라는 시다.

〈발행인 병철 최양희〉

- 호 : 병철
- (사) 한내문학 이사장
- 월간 문예사조 04년 시, 05년 소설, 06년 평론 신인상 수상
- 2005년 제1시집 "최양희의 사모곡"
- 2010년 제2시집 "당신의 세계"
- 한내문학 동인시집 "성주산 울림" 제1, 2, 3, 4, 5, 6호 동인, 발행인
- 단편소설: '지관과 명당', '호랑이 황팔도', '지옥과 천당', '태조암' 등
- 문예사조 회원, 세계시문학회 회원, 국제펜클럽 회원, 한국문인협회 회원
- 사단법인 한내문학 이사장, 발행인

겨울나무

병철 최 양 희

입춘 지나며
새싹 움트는데
덮쳐 오는 먹구름에
나약해진 겨울나무

이상 기온으로
온몸 얼었지만
그래도 심지가 있어
새 봄을 맞는다

쓸쓸한 길목에서……

담배 연기

병철 최 양 희

가슴에 스며 들어
우주로 향할 때는
흔적 없이 사라지지만

제 한 몸 태우고
또 다른 우주와 만나며
나를 평정시키는 담배 연기

상상을 낳고 버리며
또 다른 세계에 도전하는
신묘히고도 무력한 담배 연기

기(氣) 싸움

병철 최 양 희

봄과 겨울이
맞대결이라도 하듯

나뭇가지 위에선
새 하얀 눈꽃천지

나뭇가지 아래선
진홍색 벚꽃천지

생명 위에 칼바람
칼바람 밑에 생명들

음양의 자연현상은
어디를 가도 마찬가지……

무색

병철 최 양 희

침침한 공간에
어둠을 걷어내며
보름달 솟아오르니

구름 속에 님 있고
그 위로 내가 뜨니
보름달도 무색한 것을……

봄날에 요정

병철 최 양 희

잠으로 갇혀 있는 나를
그대가 깨워 줬습니다

아파트 건물 안에서
동네 밖으로 불렀습니다

그대는 잎으로 피어나
꽃잎으로 속삭여 줍니다

봄날에 요정의 행진은
이제부터 시작한다고……

꿈속에서

병철 최 양 희

황홀한 꿈에서
당신이 오셨습니다

얼마나 반가웠던지
와락 끌어안고는
빙빙 돌고 돌았습니다

사람들 보는 앞에서
자연스럽게 한몸으로
우린 서로를 원했습니다

현실 같은 꿈이지만
일생에 최고의 기쁨
이상을 초월한 행복입니다

사랑의 문

병철 최 양 희

당신으로 가는 문이
산보다 높고 멀어도
나는 여전히 다가섰습니다.

당신으로 가는 문은
멀고도 가까운 천국
끝없는 미로의 나라입니다

그러나 내가 만약
당신으로 가는 문 앞에
길을 가다 쓰러진다 해도
이 몸은 죽어도 갈 것입니다

눈꽃 사랑

병철 최 양 희

올해는 하얀 눈을
수북수북 내리게 하소서

온 세상 가지 끝마다
함박꽃 피게 하소서

부신 눈길 속으로
손잡고 걷게 하소서

서로의 체온 느끼며
눈꽃 사랑 눈뜨게 하소서

환상녀

병철 최 양 희

가까이 바라보며
망서린 지 몇 년

좋아한단 그 말
돌아설까 두려워

가슴으로 묻어둔
그대는 나의 환상녀

꽃과 나비

병철 최 양 희

해와 달이
허공에 공전하다

빛과 바람으로
언 땅을 녹이니

꽃과 나비의
사랑이 시작하네

어머니

병철 최 양 희

섣달 그믐날
느지막이 만나는
어머니

가슴속 통곡은
당신께로 가는
진한 그리움

칼바람에 씻기는
통한의 눈물

어 머 니!

한내문학 동인시집 "성주산 울림" 연보

2008년 7월 1일 = 성주산 울림 창간호 출간
이원길 류근평 고도영 김웅현 배윤희
이덕영 이임구 이준형 최도진 최양희 홍성수

2009년 8월 25일 = 성주산 울림 제2호 출간
이원길 임남순 홍성억 박성열 최용락 이덕영
김유제 김문경 배윤희 최도진 홍성수 최양희

2010년 8월 20일 = 성주산 울림 제3호 출간
이덕영 홍성수 최도진 배윤희 홍성억 박혜숙
최옥순 신승환 신현숙 이기하 김문경 최양희

2011년 9월 10일 = 성주산 울림 제4호 출간
홍성수 이정석 최옥순 최도진 배윤희 홍성억
김문경 박혜숙 이동천 신현숙 서경옥 한경희 최양희

2012년 10월 12일 = 성주산 울림 제5호 출간
김영종 김춘희 이연순 오치인 서경옥 손남수 한경희
신승환 최옥순 신현숙 이정석 배윤희 홍성수 최양희

2014년 3월 29일 = 성주산 울림 제6호 출간
홍성수 한경희 임창택 김춘희 박서진 배윤희 신승환
최옥순 서경옥 남병근 이연순 오치인 신현숙 최양희

성주산 올림 14동인 시인 연락처

홍성수	010-5438-3083 e-mail : doden2081@hanmail.net 충남 보령시 명천동 명천주공Ⓐ 4차Ⓐ 313동 405호
한경희	010-2237-2379 e-mail : chkh500@hanmail.net 대전광역시 유성구 노은동 517-2번지 203호
임창택	010-2866-0664 e-mail : doql24@naver.com 충남 보령시 동대동 1641번지 '뜨락 우미정'
김춘희	010-5202-2483 e-mail : zx098098@hanmail.net 충남 부여군 부여읍 구아리 162-11번지
박서진	010-3310- 4391 e-mail : parksj5897@hanmail.net 경기도 광명시 하안로 238번지 1309동 101호
배윤희	010-5056-5303 e-mail : yunhee9625@hanmail.net 충남 보령시 죽정동 775-1번지 성지Ⓐ 105동 801호
신승환	010-9377-5666 e-mail : top-of-gun@hanmail.net 충남 보령시 죽정동 한전Ⓐ 201동 504호
최옥순	010-0368-6387 e-mail : choisoon12@hanmail.net 전북 전주시 완산구 효자동1가 418 효자동현대Ⓐ 103-305호
서경옥	010-9365-3754 e-mail : a9327755@hanmail.net 충남 보령시 대천동 210- 2번지 대천현대파크
남병근	010-3420-8018 e-mail : bk8018@daum.net 경기도 부천시 원미구 중동 1105번지 부천원미경찰서 서장
이연순	010-8937-5716 e-mail : kjj2898@naver.com 충남 보령시 오천면 오포 2리 626-1번지
오치인	010- 5454-8738 e-mail : qhfud8502@daum.net 충남 보령시 명천동 정은스카이Ⓐ 102동 1103호
신현숙	010-6423-3502 e-mail : bx3502@hanmail.net 충남 보령시 명천동 주공 3차Ⓐ 309동 504호
최양희	010-3341-2268 e-mail : cyh2268@hanmail.net 충남 보령시 죽정동 유성 1차Ⓐ 110동 505호

= 편집후기 =

매화꽃과 산야초들이 일제히 싹을 틔우고, 꽃을 피우기 시작하는 좋은 계절에 '성주산 울림' 제6호가 새로운 모습으로 탄생하게 되었습니다. '성주산 울림'은 2008년 11인의 울림으로 동인지의 역사가 시작되었습니다.

그동안 많은 시인이 참여하여 명실 공히 이제는 전국적으로 인정받으며 많은 사랑을 받고 있는 동인집으로 발전을 거듭하고 있습니다.

특히 이번 6집은 사단법인 한내문학 광명지회, 대전지회, 그리고 전주지회의 각 지회장님들이 동참하였기에 더 빛이 나는 문집이 되리라 믿습니다.

이렇듯 '성주산 울림' 동인 문인들은 모두가 귀하고 귀하신 분들이며 모두가 사회에서 선망 받는 훌륭한 시인들입니다 그래서 더 자랑스럽고, 그래서 더 존경스럽습니다.

우리 시인들은 시심을 지펴야 좋은 글을 쓸 수 있다는 말이 있습니다. 과일 꽃이 봄에 피어 여름내 뜨거운 햇살에 익어 가을에 탐스러운 열매가 열리듯이

그동안 문학이 있어 인생이 그래도 행복했노라고, 그대 아픈 가슴에 발라주는 사랑의 연고가 되어 주었노라고, 스스로 위안으로 삼을 수 있는 여유를 가지시길 소망하면서

끝으로 노심초사 늘 한내문학을 위해 열정을 다하시는 최양희 이사장님과 홍성수 작가회장님께 고개 숙여 감사드립니다.

- 편집국장 덕향 배윤희

14인의 동인시집

성주산 울림 제6호

초판 발행 2014년 3월 29일

지은이 | 14인의 동인
발행인 | 최 양 희
편집국장 | 배 윤 희
편집주간 | 홍 성 수

발행처 | 도서출판 **한내문학**
등록번호 | 제 451-2009-1 호
등록일자 | 2009년 8월 21일
주　　소 | 충남 보령시 죽정동 542-4
우편번호 | 355-120
전화번호 | 041) 936-0037
E-mail:cyh2268@hanmail.net

제작처 | **을지출판공사**
전화번호 | 02) 334-4050

값 15,000원

* 잘못된 책은 바꿔 드립니다

ISBN 978-89-963109-6-9 03810